·运城市

山西文物要览

SHANXI WENWU YAOLAN

《山西文物要览》编委会　编

山西出版传媒集团
三晋出版社

图书在版编目（CIP）数据

山西文物要览. 五 / 《山西文物要览》编委会编.
太原 : 三晋出版社, 2024. 8. -- ISBN 978-7-5457
-3031-9

Ⅰ. K872.25

中国国家版本馆CIP数据核字第2024XH9150号

山西文物要览（五）

编　　者：《山西文物要览》编委会
责任编辑：薛勇强
助理编辑：石屹平
责任印制：李佳音

出 版 者：山西出版传媒集团・三晋出版社
地　　址：太原市建设南路21号
电　　话：0351-4956036（总编室）
　　　　　0351-4922203（印制部）
网　　址：http://www.sjcbs.cn

经 销 者：新华书店
承 印 者：山西新华印业有限公司

开　　本：889mm×1194mm　1/16
总 印 张：165.75
总 字 数：1442千字
版　　次：2024年8月　第1版
印　　次：2024年9月　第1次印刷
书　　号：ISBN 978-7-5457-3031-9
定　　价：980.00元（全五册）

《山西文物要览》
编委会

编委会办公室

资料保障组

陈德刚　石莹　韩莹　刘月平　尹新凤　刘鹏　张建明　王晋亭　段利民
郭卫平　王丽业　王建萍　高龙　王淑敏　武靖凯　刘依尘　乔佳伟　周宁
胡元　庄严　任志强　王昕　李云帆　吕柯楠　柴琳洁　王超永　曹阳
申林娟　张婷翔

专家编审组（按姓氏笔画排序）

王苗　王婷　王小龙　尹帅　古慧莹　叶若琛　田园　史君　冯燕
刘岩　刘建昭　芦宝琴　李莉　李小龙　李晓霞　李海英　杨晓芳　宋阳
张光辉　张国花　张洪峰　张晓清　张雅婕　林春杏　赵彬　段恩泽　施光玮
袁琦　高宇星　曹芳芳　韩琳　韩若冰　韩炳华　雷伟　简莉

图片提供者（按姓氏笔画排序）

王妍　王松　王涛（太原）　王涛（临汾）　王乾　王敏　王超　王卫明
王志勇　王丽新　王政涛　王鹏飞　牛海泉　巴艳波　左义聪　石振华　田治
田怡蕊　田玲玲　史振宇　兰杰　皮子龙　吉学东　成永平　吕旭燕　刘冬
刘小江　刘东虹　刘永平　刘园礼　刘宏亮　刘泽强　闫文成　闫志鹏　孙泽青
孙慧琴　李广　李广洁　李丽珍　李贵显　李振文　李晓翠　杨平　杨卫平
吴国忠　辛泰　宋维炉　张义　张小平　张少毅　张庆金　张园园　张宝顺
张建军　张哲远　张晓剑　张海燕　张朝阳　陈博敏　武冬　尚银龙　季文韦
季保全　阜阳　周礼忠　郑海伟　郑珺文　赵伟　赵永刚　赵志国　赵雨星
段振亮　袁国华　贾笑梦　贾家璇　高房斌　高新生　郭健　郭国伟　黄赞民
曹亮　崔元喜　崔文锋　梁铭　韩凯　韩锐　景鹏　景仲春　廉田静
蔺亚璐　蔺鸿斌　樊文珍　穆榕　穆世斌　魏云龙

出版说明

文物承载灿烂文明，传承历史文化，维系民族精神。习近平总书记对文物保护工作念兹在兹、关怀备至。党的十八大以来，习近平总书记四次亲临山西，每次都深入文化遗产地和基层文博机构考察，反复强调要坚定文化自信、全面提升文物保护利用和文化遗产保护传承工作水平，为我们做好新时代文物工作指明了前进方向、提供了根本遵循。

山西是中华文明的重要发祥地，文化积淀博大厚重，文物资源灿若星辰。山西文物具有文明起源遗存富集、古代建筑冠居全国、彩塑壁画瑰丽绚烂、造像石刻精品荟萃、民居城池蜚声遐迩等突出特点。山西省第三次全国不可移动文物普查登记不可移动文物53875处，位居全国前列。其中，全国重点文物保护单位531处，约占全国总数的10.5%，居全国第一，省级文物保护单位779处；现存古建筑28027处，其中元代及元以前木构古建筑500余处，占到全国80%以上，特别是全国仅存的3座完整的唐代木构古建筑均在山西；现存唐代以来彩塑12000余尊、壁画50000余平方米，均居全国第一；现存古戏台2800余座，居全国第一；旧石器遗址、地点共800余处，居全国前列。山西已登记可移动文物320余万件，收藏于413家国有文物收藏单位，位居全国前列。其中珍贵文物76124件，包括一级文物5515件、二级文物17082件、三级文物53527件。

为认真贯彻落实习近平总书记关于文物保护利用和文化遗产保护传承的重要论述重要指示批示精神，系统展示山西重要文物资源，促进社会各界力量参与到山西文物保护利用中来，我们编纂出版《山西文物要览》一书。本书共分为五卷，收录全国重点文物保护单位和省级文物保护单位 1131 处，包括古文化遗址 179 处、古墓葬 86 处、古建筑 828 处、石窟寺及石刻 35 处、其他 3 处。

本书内容条目按照市、县行政区划顺序排列。在同一行政区域内，先列全国重点文物保护单位，再列省级文物保护单位。在文物保护单位中，按照古文化遗址、古墓葬、古建筑、石窟寺及石刻的顺序编排。

文物保护单位的介绍，以公布时的说明为主。存在学术争论的，主要采纳被广泛接受的主流观点。文物单位的编写内容包括类型、时代、位置、保护单位公布时间和批次、历史沿革、遗存构成、重点遗存介绍及价值等。

每个文物保护单位附图 1—3 张。文物保护单位体量特别大的，适当增加图片。附图按照先宏观后微观的顺序编排，即遗存全貌、遗存局部、能够说明遗存时代和性质的关键性位置图片或器物图片。

习近平总书记指出，文物和文化遗产承载着中华民族的基因和血脉，是不可再生、不可替代的中华优秀文明资源。我们期待《山西文物要览》一书的编纂出版，能够助力文物保护利用，讲好文化遗产里的山西故事，推动三晋优秀传统文化焕发新的时代光彩，为山西实现从文物大省向文物强省、文化大省向文化强省的跨越作出贡献。

《山西文物要览》编委会

目录

运城市

盐湖区

临猗县

万荣县

闻喜县

稷山县

新绛县

绛县

永济市

河津市

运城市

山西
文物
要览

❶ 盐湖区

❷ 临猗县

❸ 万荣县

❹ 闻喜县

❺ 稷山县

❻ 新绛县

❼ 绛　县

❽ 垣曲县

❾ 夏　县

❿ 平陆县

⓫ 芮城县

⓬ 永济市

⓭ 河津市

泛舟禅师塔

2001年，被国务院公布为第五批全国重点文物保护单位。

泛舟禅师塔位于原报国寺遗址之上。据塔上所刻铭文记载，此塔是由唐中期名将、陈许节度使曲环在唐贞元九年（793）为其挚友泛舟禅师所建。泛舟禅师出身皇族，更为此塔增添了几分传奇色彩。

该塔坐北朝南，圆形单层，通体砖砌，占地面积25.95平方米，通高10米。由塔基、塔身、塔刹三部分组成，每部分高度约占三分之一。塔基呈圆柱形，自下而上略有收分。其上为须弥座，束腰以小立柱分格，内镶壶门。须弥座上为砖砌圆形塔身，周围以八根倚柱分隔为八面八间，正南方向开有一门，通往塔内，塔室内部呈现六边形，顶部为叠涩式藻井。正北方向嵌塔铭，正东、正西为砖雕假门，其余四面雕刻破子棂窗。塔檐部分采用叠涩手法向外延伸，最上面两层是仿木结构的椽、飞以及勾头滴水，整个叠涩层带有明显的内凹曲线，俏丽之至。塔檐挑出深远，舒展之极。塔刹部分装饰有束带、覆钵、覆莲、仰莲及宝珠等元素，层层叠装，美不胜收。

泛舟禅师塔作为唐代单层圆形砖塔，极为罕见，其独特的艺术价值与历史文化价值不言而喻，现已被《中国古代建筑史》收录，成为学术界研究古建筑的珍贵资料。

位置 运城市盐湖区大渠街道寺北村

时代 唐代

类型 古建筑

泛舟禅师塔近景

泛舟禅师塔塔铭局部

泛舟禅师塔鸟瞰

运城太平兴国寺塔

位置 运城市盐湖区安邑街道

时代 宋代

类型 古建筑

2013年，被国务院公布为第七批全国重点文物保护单位。

运城太平兴国寺塔原为太平兴国寺内之塔，现寺已毁，仅存塔一座。此塔属寺内禅师之墓塔，故亦称“太平兴国寺舍利塔”。据光绪《山西通志》记载，该塔建于北宋嘉祐八年（1063）。观其现存形制，尽显宋代风格。

塔为八角形楼阁式砖塔，占地面积约130平方米。原构为13层，现存11层，高度约60米。塔身自底向上逐层收分，每层均设叠涩出檐，底层四面辟门，其中南门可通塔室，塔内构造为单壁中空。塔外壁第一至四层塔檐装饰有砖雕仿木构斗栱和普拍枋，斗栱采用五铺作双杪形式；其中第二至四层设有仿木构平座，而五层以上则保持素面，无仿木构斗栱装饰。塔身各层南面均设有砖券拱门。该塔以其精湛的装饰手法著称，对于研究晋南地区北宋时期砖塔建筑风格的演变具有重要历史价值。

运城太平兴国寺塔近景

运城太平兴国寺塔远景

运城太平兴国寺塔塔檐

郭村泰山庙大殿

位置　运城市盐湖区上王乡郭村

时代　元代

类型　古建筑

2006年，被国务院公布为第六批全国重点文物保护单位。

据庙内现存碑刻与题记记载，泰山庙创建于元至元七年（1270），元、明、清均有增建或维修。院内其他建筑已毁，现仅存大殿。

大殿坐北朝南，面阔五间，进深六椽，单檐硬山顶，筒板瓦屋面。当心间前檐设蟠龙石雕柱两根，当心间及两次间施圆木大额枋，上施四铺作单下昂斗栱七朵。殿内梁架结构为彻上露明造，形制为四椽栿压后乳栿通檐用三柱。梁栿上均绘有彩绘，以各种花卉和祥龙为主。前檐栱眼壁以柱头素枋间隔分做上下两层，总计16幅；攒当之间为水墨浅绛小写意，绘有竹、兰、牡丹、山水、人物等图案，素枋上与正心槫下的栱眼壁以蓝色为底，青、绿两色绘出蝙蝠及祥云。殿内当心间金柱柱脚保留有两方石质覆盆式元代柱础，础面上雕有壸门、花卉。

郭村泰山庙大殿是晋南地区元代最早记录的东岳庙建筑。700余年历史中，历经元、明、清的维修和改建，建筑本身保留了各时期明显的时代特征，是研究民间泰山信仰在不同时代发展变化的实物范例。

郭村泰山庙大殿正立面

郭村泰山庙大殿斗栱

郭村泰山庙鸟瞰

寨里关帝庙献殿

盐湖区

位置　运城市盐湖区泓芝驿镇寨里村

时代　元代

类型　古建筑

寨里关帝庙献殿正立面

2006 年，被国务院公布为第六批全国重点文物保护单位。

寨里关帝庙创建年代不详，现仅存献殿一座，为元代遗构。献殿东西长 16.9 米，南北宽 7.3 米，占地面积 123 平方米。坐北朝南，面阔五间，进深四椽，单檐悬山顶，灰陶质筒板瓦屋面，砖砌五花山墙。前后檐下皆施通圆木大额枋，上施四铺作单下昂斗栱十一朵。殿内彻上露明造，四椽栿放置在前后檐大额枋上，其上施柁峰承接平梁，平梁上立脊瓜柱与叉手，四椽栿与平梁上皆施彩绘，色泽古朴沉稳。柱网布局中巧妙使用减柱移柱造，将建筑空间利用发挥到淋漓尽致，满足了献殿作为祭祀空间和观戏看台的实际使用需求。

寨里关帝庙献殿是国内现存最早的关帝庙建筑之一，为运城盆地现存最早的关帝信仰类建筑，其体量在山西省仅存的三处元代关庙献殿中为最大。寨里关帝庙献殿中多棱宝瓶状脊瓜柱、卷瓣柁峰、讹角栌斗等诸多建造工艺具有鲜明的早期建筑特色，是研究晋南地区早期建筑风格与建筑文化的宝贵实物例证。

寨里关帝庙献殿背立面

寨里关帝庙献殿梁架

舜帝陵庙

位置　运城市盐湖区北相镇西曲马村

时代　元代至清代

类型　古建筑

2006年，被国务院公布为第六批全国重点文物保护单位。

舜帝陵庙始建年代不详，但据原寺内佛菩提经幢碑可知，经幢造于唐开元二十六年（738），此时已建有舜帝陵庙守陵寺。据庙内明清重修碑记载，陵庙元末毁于兵火，明万历年间重建，清顺治、康熙、雍正、乾隆年间多次重修。

陵庙坐北朝南，平面布局分三部分，前为外城，中为陵区，后为庙寝，亦称皇城。前陵后庙的格局，在古墓葬、古庙宇中较为少见。现外城已毁，沿中轴线由南至北依次建有神道、山门、月台、过殿、享殿（享厅）、舜帝陵冢、戏台、卷棚看棚、献殿、正殿、寝宫。中轴线两侧山门至帝陵之间，东设关公祠、关公戏台、东廊，西设瞉首祠、配殿、西廊；皇城内戏台至寝宫之间，东设钟楼、东耳房，西设鼓楼、西耳房。戏台南为皇城碑廊。舜帝陵庙现存建筑23座，其中一座为元代建筑，其余为明清建筑。

舜帝陵庙是为了纪念三皇五帝之一的虞舜而建造的，舜帝陵庙的选址、建筑布局、建筑形制和装饰在研究中国陵墓祭祀建筑的发展演变方面具有极高的历史价值。

舜帝陵庙古柏

舜帝陵庙鼓楼

舜帝陵庙鸟瞰

池神庙及盐池禁墙

位置 运城市盐湖区南城街道南郊村

时代 明代至清代

类型 古建筑

2013年，被国务院公布为第七批全国重点文物保护单位。

池神庙是为供奉盐神而建的庙宇，始建于唐大历十二年（777），元明清时期多有维修，现存建筑为明清遗构。庙宇坐北朝南，背靠卧云岗，俯瞰盐池。池神庙现仅存三大殿、戏台、西厢房和偏院等。三大殿位于庙最北端，呈“一”字形东西排列，中殿为盐池之神殿，东殿为条山之神殿，西殿为风洞之神殿，殿前月台相连。三大殿形制、规模基本相同，面阔三间，进深六椽，四周围廊，重檐歇山顶，筒板布瓦覆顶，琉璃剪边。梁架结构略有不同，中殿为五架梁搭接大内额交抹角梁通檐用两柱，东、西殿均为七架梁通搭前后通檐用两柱。池神庙三大殿一字排列的布局，为现存不多的建筑实例。

盐池禁墙始建于唐，为防止盗盐走私、保护税收之用，初建时于盐池周围筑简易防护设施，称“壕篱”，宋、元、明、清均有补修，现存墙体多为清代所筑。现禁墙主体大多已毁，但依势起伏的残墙断壁仍然存在。盐池禁墙始建年代早、规模大，能够与池神庙同时保存下来，属不可多得的实例。

池神庙及盐池禁墙是运城盐池开发的历史见证。池神庙见证了8世纪以后因盐池开发而引发的将民间信仰上升到国家祭祀体系的历史；池神庙及盐池禁墙是盐业生产和商业活动的产物，在研究河东盐业史、经济史等方面具有重要的价值。

池神庙三大殿

池神庙鸟瞰

盐池禁墙局部

运城关王庙

位置　运城市盐湖区中城街道解放路社区

时代　明代至清代

类型　古建筑

2013年，被国务院公布为第七批全国重点文物保护单位。

关王庙创建于元代，坐东朝西，占地面积2100平方米。整体布局以山门、牌坊、献殿、正殿、春秋楼为中轴线，两侧配以部将祠、白马祠、钟楼、鼓楼、南北廊房。其他建筑早已被毁，现仅存中轴线上的山门、献殿、正殿与春秋楼，其中山门、献殿、正殿为明清遗构。

正殿面阔三间，进深三间六椽，后檐出抱厦一间，单檐歇山顶，四面檐下皆设有斗栱。前檐柱头科为五踩单翘单昂形制，昂头为龙头状。明间平身科为五攒，一翘垂四枚垂莲柱代替翘头，二翘上左右各出45度斜昂，呈鸳鸯交首栱形制，占满整个明间。左右山墙平板枋上斗栱形制为五踩重翘，耍头分龙头与麻叶状两类。角科施连珠斗，施鸳鸯交首栱。梁架结构为七檩无廊式形制。大梁上皆饰有黑白牡丹花叶与金黄色龙凤彩绘。殿内明间后侧置有神龛，神龛上方小木作斗栱甚为华丽繁复。

运城关王庙保存了明清以来的建筑格局，修缮沿革可考，建筑装饰风格多样，是不可多得的明代建筑精品。

运城关王庙正殿正立面

运城关王庙正殿梁架

运城关王庙正殿斗栱

常平关帝庙

位置 运城市盐湖区解州镇常平村

时代 清代

类型 古建筑

2006年，被国务院公布为第六批全国重点文物保护单位。

常平关帝庙系当地村民和关氏后裔为奉祀关羽而建的关帝家庙。创建年代不详，历金、元、明、清各朝，清乾隆年间建立今日建筑格局之基础，现存建筑大部分为清代重建。庙宇坐北朝南，在建筑布局上沿袭“前朝后寝”之制，主体建筑沿轴线依次布列，由南至北分别为山门、石坊、仪门、献殿、崇宁殿、娘娘殿、圣祖殿，石牌坊上雕“关王故里”四字，为明嘉靖三年（1524）立。山门、仪门和献殿三座建筑均面阔三间，进深四椽，悬山顶。山门与仪门之间建有八角七层金代实心砖塔一座，七重叠涩出檐。崇宁殿面阔五间，进深四间，重檐歇山顶。娘娘殿面阔、进深各五间，平面近方形，前檐插廊，重檐歇山顶。殿内关夫人、侍女像等，比例适度、神态自若，是明清塑像之珍品。

常平关帝庙主体建筑布局采取“前朝后寝”的宫室制度，又包含祖宅塔、圣祖殿等家庙形制建筑，是关庙中的独特个案。

常平关帝庙祖宅塔

常平关帝庙圣祖殿

常平关帝庙全景

解州关帝庙

位置　运城市盐湖区解州镇解州村

时代　清代

类型　古建筑

1988年，被国务院公布为第三批全国重点文物保护单位。

解州关帝庙创建于隋，宋代扩建，明代曾重建，现存建筑为清康熙四十一年（1702）大火之后，历时10载而重建。庙宇坐北朝南，占地面积为7.3万平方米。庙宇沿袭“前朝后寝”之制，整体沿中轴线对称，平面布局分南北两大部分。南以结义园为中心，由牌坊、君子亭、三义阁、假山等组成。北部为正庙，仿宫殿式布局，分前殿和后宫两部分。前殿中轴线上依次排列着端门、雉门、午门、御书楼、崇宁殿，东西两侧配以钟鼓二楼、崇圣祠、追风伯祠、胡公祠、木坊、碑亭、钟亭、官库等附属建筑。后宫以“气肃千秋”牌坊为屏，以春秋楼为中心，左右刀楼和印楼对称而立。建筑整体布局严谨，轴线分明。南北两大部分自成格局，但又和谐统一。前后有廊庑围护，既像庙堂，又像庭院，为全国关庙中绝无仅有。

崇宁殿，是祀奉“崇宁真君”关羽的主殿。面阔七间，进深六间，重檐歇山式屋顶。额枋雕刻富丽。殿宇柱网配置规整有序，内外三圈。殿周回廊置雕龙石柱26根，蟠龙姿态各异，个个活灵活现。下施栏杆石柱52根，砌栏板50块，刻浮雕200方，蔚为壮观。殿内明间前槽二金柱上，木雕巨龙自柱底盘旋而上，至顶端探头对视，大有金阙帝宫的华贵气派。

春秋楼，又名麟经阁，位于后宫北侧，被称为关帝庙扛鼎之作。创建于明万历年间，清同治九年（1870）重建。楼高23

解州关帝庙春秋楼

米余，面阔七间，进深六间，两层三檐歇山顶。楼内底层有木雕神龛三间，内置关羽金身坐像。楼上阁形龛内塑关羽观《春秋》侧身像，右手扶案，左手拈须，神态逼真。

解州关帝庙共有殿宇百余间，主次分明，布局严谨，庙内木雕龙凤、流云、花卉、人物、走兽等图案，雕工精湛，剔透有致，是我国目前现存关帝庙中规模最大、保存最完整的宫殿式建筑群。

解州关帝庙崇宁殿

解州关帝庙全景

解州同善义仓

位置 运城市盐湖区解州镇解州村

时代 清代

类型 古建筑

2019年，被国务院公布为第八批全国重点文物保护单位。

据院内碑刻记载，清光绪三年（1877），河东大旱，户部尚书阎敬铭与侄子阎廼珏视察山西灾情，赈济饥民，光绪六年（1880）建解州同善义仓。解州同善义仓坐南朝北，南北长185米，东西宽65米，分布面积12025平方米。解州同善义仓呈二进院布局，为前院后仓。大门面阔七间，进深四椽，明间辟双扇板门。大门迎面为面阔七间的仓房，中间辟为通道。穿过通道，东西两侧均为形制相同的粮仓，面阔十七间，进深四椽，单檐硬山顶。前檐墙及后檐墙砌筑手法相同，均向里倾。粮仓采取了独特的立木框架结构，仓顶设有通风口，地下设架空的厚木地板，墙体厚实，使粮仓冬暖夏凉，并具有防虫、防鼠、防霉等功能。南仓面阔七间，进深四椽，中辟门洞，入后院是收晒粮食之地。后院仓库长65米，宽12米，中间三间设为仓神殿，以供奉粮神。殿内所奉粮神神像已毁，仅存“道宪札文”青石碑一通。

解州同善义仓是山西保存较完整、规模较大的清代粮仓，是研究清代地方粮仓建制及规模、粮食存储制度和方式的重要实物，在类型上具有稀缺性，体现了清代粮仓设计的科学性和实用性，具有一定的科学研究价值。仓内现存“道宪札文”石碑记录了解州同善义仓的创办、发展历程，是研究清代地方政府赈灾历史的重要史料。

解州同善义仓前院粮仓大院

解州同善义仓仓库排风口

解州同善义仓鸟瞰

西曲樊遗址

2004 年，被山西省人民政府公布为第四批省级文物保护单位。

西曲樊遗址面积为 7 万平方米，文化层堆积均超过 4 米，出土了大量东周、西周、汉代陶片，分布较广，其位置、时代与各版本《平阳府志》记载的古郇城关系密切，是探索古郇城的重要立足点。

位置　运城市盐湖区金井乡西曲樊村

时代　周代

类型　古文化遗址

西曲樊遗址鸟瞰

西曲樊遗址文保标志碑

西曲樊遗址远景

牛家院古盐道

位置：运城市盐湖区东郭镇刘范村

时代：北周、元代、清代

类型：古文化遗址

2021年，被山西省人民政府公布为第六批省级文物保护单位。

牛家院摩崖石刻分上、下两块，依崖壁刊刻，俗称上块为“大碑”，下块为“小碑”。大碑距地面约4米，高约1米，宽0.6米；小碑距地面约2.3米，高0.8米，宽0.5米。大碑上有“河东盐池通往陕州陆拾里”字样。石刻剥蚀严重。

该盐道是池盐开发和外销的重要证据。

牛家院古盐道鸟瞰

牛家院古盐道北周石刻近景

牛家院古盐道北周石刻远景

安邑古城遗址

位置 运城市盐湖区安邑街道安邑水库

时代 东周

类型 古文化遗址

2004年，被山西省人民政府公布为第四批省级文物保护单位。

安邑古城遗址创建于春秋战国时期，由魏文侯所筑，又名“魏豹城”。在历史中，安邑古城具有重要地位。《魏书·礼志》记载，北魏孝文帝太和年间始由官方祭祀，祭祀尧于平阳，舜于河东，禹于安邑。秦置郡县时，安邑为河东郡治所，后历经多个朝代的变迁。明万历《安邑县志》载，古城在县西一里，魏文侯所筑，东西两垒对峙，韩信虏魏豹于此，亦名“魏豹城”，城墙高垒，四面环水，易守难攻。

遗址略呈长方形，占地面积26.4万平方米，由于城外水库蓄水，常年浸泡，东城墙已经坍塌，西、北城墙夯土墙体整体保存较好，南城墙残存，但坍塌较为严重。

安邑古城遗址距今约有2400年的历史，对研究战国时期的建造工艺、经济实力等有重要帮助，是安邑兴衰的历史见证。同时，它与周围环境和谐统一，具有奇特壮美的自然景观和丰富的人文景观。此外，它在研究古代建城、城市规划、军事防御等方面具有重要的科学价值。

安邑古城遗址航拍图

安邑古城遗址城墙残段

张村墓葬群

2004年，被山西省人民政府公布为第四批省级文物保护单位。

张村墓葬群南北宽1000米，东西长1500米，占地面积较广，且有大型贵族墓葬发现，出土有青铜器、玉器等文物，是一处东周的古墓葬。

张村墓葬群规模宏大，这种大规模的墓葬布局反映了东周时期的社会等级制度和丧葬文化。同时，墓葬中出土的青铜器、玉器等文物也展示了当时高超的工艺水平和独特的艺术风格。

位置　运城市盐湖区北相镇张村南

时代　东周

类型　古墓葬

张村墓葬群文保标志碑

侯村墓群

位置 运城市盐湖区金井乡侯村东

时代 东周、汉代

类型 古墓葬

2004年，被山西省人民政府公布为第四批省级文物保护单位。

侯村墓群南北宽300米，东西长500米，面积15万平方米，属于东周及汉代的一处古墓葬。

侯村墓群墓葬形制为长方形竖穴墓，南北走向，墓葬大小、形制不一。出土器物多为陶器，典型的有汉代绿釉陶楼、陶仓、陶豆，以及绿釉陶壶、绿釉耳杯等物。

侯村墓群跨越了多个历史时期，它们见证了不同历史阶段的变迁和发展，为历史研究提供了宝贵的实物资料。该墓群墓葬形制多样，包括长方形竖穴墓等，反映了不同历史时期的丧葬文化和墓葬制度。

侯村墓群文保标志碑

三官庙戏台

位置：运城市盐湖区三路里镇三路里村

时代：明代

类型：古建筑

2004年，被山西省人民政府公布为第四批省级文物保护单位。

三官庙戏台坐西朝东，面积110平方米，台基高1.2米。前有歇山式抱厦，后为硬山式构架。主体建筑面阔三间，进深四椽，抱厦面阔三间，进深一椽，面阔与主体建筑比较略有缩短，使整体建筑平面呈“凸”字形。屋面为单檐硬山歇山复合顶。梁架结构为五架梁通檐用二柱。三架梁与五架梁之间施云朵状柁峰支垫，脊瓜柱下施云朵状角背。脊檩中心置垂莲柱一枚，通过戗脊与四角相连，布局新颖。梁脊板上有明正德十五年（1520）、崇祯十年（1637）和清康熙五年（1666）、道光二十二年（1842）修缮题记，戏台南山墙内嵌有明嘉靖十八年（1539）和万历二十七年（1599）重修布施碑刻一通。从该戏台造型、用材等方面分析，现存建筑应为明构清修之物。

三官庙戏台虽历经修葺，但仍保留元明遗构。元明结构戏台在山西保存很少，在运城市更是凤毛麟角，甚为珍贵。该戏台形制别具一格，为研究运城乃至山西的戏曲活动提供了珍贵的实物资料。

三官庙戏台正立面

三官庙戏台梁架

河东书院藏书楼

位置　运城市盐湖区大渠街道大渠村

时代　明代

类型　古建筑

2021年，被山西省人民政府公布为第六批省级文物保护单位。

据民国《安邑县志》和碑刻记载，明正德九年（1514），御史张士隆创建河东书院，万历八年（1580）改名三圣祠，万历十三年（1585）改名崇圣祠，清初复名河东书院，光绪二十八年（1902）更名为河东中学堂。辛亥革命后，又先后更名为“山西省立第二中学校”“山西省立运城中学校”。抗日战争时期，被日军占据后焚毁，现仅存藏书楼。

河东书院藏书楼坐北朝南，占地面积437.12平方米，建筑面积81平方米。藏书楼为二层砖石结构，下层为方形砖砌基座，基座高3米，墙体略有收分，四周皆砌筑穿堂券，十字相通，券脸为两券两伏。西侧有砖砌楼梯通往二层。二层为仿木单檐歇山顶结构，建筑面积38平方米，下碱为砖砌须弥座，墙身四周浮雕鱼龙变化图案，南面设券门。檐部仿木构，出额枋、椽飞等。现存明代碑刻四通。藏书楼四周环以池水，名环池，南边有石拱桥与之相通。

河东书院藏书楼是明代书院制度在晋南地区的典型代表，其建筑形制、结构及雕刻是研究明代砖石结构建筑及审美意识的典型实物例证，也见证了河东地区儒学文化的发展与兴盛。

河东书院藏书楼侧面

河东书院藏书楼鸟瞰

解州文庙

运城市盐湖区解州镇解州村

清代

古建筑

2021年，被山西省人民政府公布为第六批省级文物保护单位。

解州文庙创建年代不详，总占地面积770平方米。现仅存大成殿，为清代遗构。大成殿坐北朝南，台基高1.5米，东西长20米，南北宽10.9米，建筑面积218平方米。面阔七间，进深六椽，单檐歇山顶，灰陶筒板瓦屋面，琉璃剪边。梁架为五架梁对前后单步梁，五架梁背部立柁峰，其上置大斗，三架梁两端置于大斗内，三架梁背部立脊瓜柱，柱上置大斗，斗内施丁华抹颏栱，两侧斜戗叉手捧脊檩。殿内柱采用减柱造。前檐共施三踩单下昂斗栱十四攒，明间施平身科斗栱两攒，次间、梢间各一攒，尽间无斗栱。梁架、额枋、檩枋上皆绘有彩画，栱眼壁绘有琴、棋、书、画壁画。墙体收分，前檐墙下砌槛墙，墙身红灰抹面，明间辟板门，两次间、梢间设直棂窗。

解州文庙为研究清代文庙建筑形制及装饰艺术提供了实物例证，文庙是儒学文化的载体，对研究儒学极具参考价值。

解州文庙大成殿梁架

解州文庙鸟瞰

程村遗址

位置　运城市临猗县庙上乡程村

时代　东周

类型　古文化遗址

2013年，被国务院公布为第七批全国重点文物保护单位。

该遗址东西宽约1100米，南北长1150米，面积126.5万平方米。1987年，由中国社会科学院考古研究所、山西省考古研究所、运城地区文物工作站、临猗县博物馆联合对墓群进行发掘。该遗址发现墓葬220座，车马坑10余座。车马坑中最大的一座深2米，长3.4米，宽1.5米，内有8车16马。墓葬均为竖穴土坑墓，葬具均为一棺一椁，墓坑一般长2—5米，宽1—3米，共出土陶、铜、玉石、蚌等器6000余件。

墓地清理的19辆马车，在发掘过程中精心剔剥，仔细地解剖了其关键部位，所以对春秋时代马车的结构，各部件的功用及其连接方法等做了深入了解，解决了过去悬而未决的问题。这一结果，是对先秦车制及其工艺研究的突破。

这批墓葬保存较好，所跨年代较长。因此，对春秋时期考古分期与年代、埋葬制度及各种手工业工艺的研究都具有重要的参考价值。

程村遗址出土的蟠虺纹铜镈钟

猗氏故城

位置　运城市临猗县牛杜镇铁匠营村

时代　西汉

类型　古文化遗址

2013年，被国务院公布为第七批全国重点文物保护单位。

《晋书·地理志》载，此处为“猗顿城”，历经西汉、新莽、东汉、三国、两晋、南北朝，至北周明帝武成元年（559），猗氏县治所迁至现在的临猗县城，遂废弃不用，前后共764年，其间经多次修复。

猗氏故城城址平面呈长方形，东西长1244米，南北宽924米，分布面积较广。现存东、南、北城墙基本完好，西城门已毁，各门宽16米，进深20米。墙内极少见包含物，城内外均为田地，没有发现砖、瓦、建筑构件等遗物。城址内采集到战国时古钱币，汉代大陶罐及鼎、海贝等。

猗氏故城因猗顿而得名。猗顿是中国历史上一个少有的商业奇才，更可谓是晋商之鼻祖。猗顿的影响吸引了四面八方的客商，使他居住的地方渐渐由一个畜牧区演变为远近闻名的商贸集镇，后人称其为“猗顿城”。猗氏故城遗址是研究临猗县历史发展的重要考古遗迹，该遗址规模较大，保存完好，使用时间长，对研究中国古代城池的筑城技术以及先秦、两汉、南北朝时期晋东南地区政治、经济、军事等具有重要的意义。

战国蟠虺纹双附耳带三环钮盖铜鼎

猗氏故城城墙残段

妙道寺双塔

位置 运城市临猗县猗氏镇兴教坊村

时代 宋代

类型 古建筑

2006年，被国务院公布为第六批全国重点文物保护单位。

据《猗氏县志》记载，妙道寺创自隋唐间，宋代重修。据西塔地宫出土的《大宋河中府猗氏县妙道寺双塔创建安葬舍利塔地宫记》碑记载，西塔创建于北宋熙宁二年（1069）。东塔与西塔形制相近，创建年代应相距不远。

两塔均为方形楼阁式砖塔，相距80余米。

东塔坐东朝西，现存七级，总高23.07米，保存完好，一、二层檐下有四铺作斗栱。西塔坐西朝东，原九级，现存六级，残高21.98米，一层西壁辟有拱券门，二至七层为实心。明嘉靖三十四年（1555）地震时，西塔塔刹毁坏。西塔第一层檐下砖雕斗栱，其余各檐叠涩伸出或收杀。西塔下有地宫，宫室长、宽各1.68米，宫室至地面1.73米，地面铺方砖。1995年，对西塔地宫进行了抢救性清理发掘，出土了装有佛骨和舍利子的金棺、银棺、舍利瓶等重要文物。妙道寺双塔对研究双塔布局及宋代佛教文化有重要价值。

妙道寺西塔全景

妙道寺双塔远景

妙道寺双塔全景

妙道寺东塔角檐及斗栱

张村圣庵寺塔

位置：运城市临猗县北景乡张村

时代：宋代

类型：古建筑

2013年，被国务院公布为第七批全国重点文物保护单位。

据清康熙三十八年（1699）《猗氏县志》记载，此塔始建于北宋时期，占地约9平方米，原为圣庵寺内建筑。1958年，圣庵寺被毁，仅存此塔，砖塔一侧是20世纪60年代修建的戏台。

塔为六角七层楼阁式砖塔，塔底层每边边长约1.5米，残高11.62米。一层正面辟门，塔内中空，高2.5米，以上各层皆为实心。圣庵寺塔坐北朝南，塔身向上逐层收分，第一层塔檐下装饰仿木结构斗栱、普拍枋，斗栱不出跳，把头绞项作，斗口出耍头；二层以上叠涩出檐；第三、四层塔身用砖雕刻出仿木构板门、直棂窗。塔内结顶处设六边形叠涩藻井。20世纪70年代，塔身第七层和塔刹遭雷击损毁，现仅存部分刹木。

张村圣庵寺塔造型简洁匀称，其结构与雕饰的时代特征明显。

全国重点文物保护单位
张村圣庵寺塔
国务院2013年3月5日公布
山西省人民政府立
文物安全责任人公示牌
全国重点文物保护单位

张村圣庵寺塔全景

张村圣庵寺塔三层拱形门

张村圣庵寺塔四层乳钉门

闫原头永兴寺塔

位置：运城市临猗县猗氏镇杨原头村

时代：宋代

类型：古建筑

2013年，被国务院公布为第七批全国重点文物保护单位。

闫原头永兴寺塔，俗称“闫原头塔”。据清康熙《猗氏县志》载，该塔原为永兴寺的一部分，抗日战争期间寺院被毁，仅存此塔。永兴寺塔始建年代不详，根据造型及与同类型砖塔对比分析，该塔建造年代应为北宋时期。

闫原头永兴寺塔为方形九层（现存八层）楼阁式砖塔，残高15米，占地面积8.53平方米。坐北朝南，平面呈四边形，底层每边边长2.93米，塔身向上逐层收分，二层以上叠涩出檐。二至五层塔身每面用砖雕刻出三开间仿木构立柱，其中二层檐下砖雕柱头铺作；三至五层柱头仅设栌斗；五层以上塔身不做装饰。

闫原头永兴寺塔造型简洁，比例匀称，具有唐代砖塔遗风，同时又保持了北宋建筑的风格。永兴寺塔为研究唐末五代塔向宋塔演变提供了重要的实物资料。

闫原头永兴寺塔全景

间原头永兴寺塔塔檐

间原头永兴寺塔二层塔檐及斗栱

临晋县衙

位置 运城市临猗县临晋镇

时代 元代至近代

类型 古建筑

2001年，被国务院公布为第五批全国重点文物保护单位。

临晋县衙为元代时临晋县衙署所在地，大堂创建于元大德年间，明洪武、弘治、嘉靖、隆庆、万历及清康熙年间均有重修。据民国版《临晋县志》载，清光绪五年（1879）、二十一年（1895），1912年、1920年历任知事曾予重修。大堂的梁脊板上留有1934年10月最后一次重修题记。

临晋县衙占地面积2.9万平方米，坐北朝南，沿中轴线分三层台阶式，依次为大堂、二堂、三堂，周围配以廊房。西侧分别为衙役驻在所、戒烟局。

现存大堂为元代遗构，面阔五间，进深六椽，单檐悬山顶。当心间较宽，明显大于次、梢间，梢间又略窄于次间。用柱14根，采用减柱造，梁架为彻上露明造，四椽对接前后乳栿用四柱。柱头斗栱双昂五铺作，琴面假昂，柱头卷杀明显，柱础覆盆式。堂前正面檐柱粗于各柱，当心间两根采用抱柱造。前檐额枋用材硕大，以三根大圆木制作，直径达0.8米，增加了大堂的庄严气氛。二堂面阔五间，进深三间，单檐硬山顶。三堂面阔三间，进深三间，堂前带廊，为清代建筑。

临晋县衙完整地保留了古代县衙营造格局，特别是大堂建筑用料独特，营造法式奇巧，完好地保留了元代的建筑风格，为研究我国古代衙署文化和官吏制度，提供了翔实的史料。

临晋县衙大门

临晋县衙大堂

临晋县衙大堂内景

猗顿墓

位置 运城市临猗县牛杜镇王寮村

时代 清代

类型 古墓葬

1996年，被山西省人民政府公布为第三批省级文物保护单位。

猗顿墓东西长100米，南北宽70米。砖砌方形墓，高2米，东西长20米，南北宽18米，中心有一圆形土冢，高1米，周长15米，未发掘。清道光年间重修茔宅，立墓碑。

猗顿是春秋战国时期著名的商人，被誉为“中华实业商祖”。他通过经营畜牧业和盐业，积累了巨额财富，对当时的社会经济产生了深远影响。猗顿墓是猗顿的安息之地，承载着丰富的历史信息，是研究猗顿生平事迹、商业思想以及当时社会经济状况的重要实物资料。

猗顿园外景

猗顿园文化长廊

猗顿园猗顿像

王卓墓

位置 运城市临猗县庙上乡城西村

时代 西晋

类型 古墓葬

2004年，被山西省人民政府公布为第四批省级文物保护单位。

王卓历任魏晋河东太守，迁司空，封猗氏侯，葬于河东猗氏县故解城西隅。王卓墓冢已毁，仅存唐碑一通。碑楼通高4.73米，面阔1.78米，进深1.1米。碑高3.43米，宽1.05米，三面刻字。碑首篆额“追树十八代祖晋司空河东太守猗氏侯太原王公神道碑”，碑文历叙自晋至唐工氏族人变迁之梗概。

王卓墓承载着丰富的历史文化信息，不仅反映了王卓个人的生平事迹和地位，也反映了当时的社会政治、经济和文化状况，是研究西晋时期历史的重要实物资料。

王卓墓碑正面

王卓墓碑侧面

陈茂墓

位置：运城市临猗县耽子镇霍村陈平庄自然村

时代：隋代开皇十四年（594）

类型：古墓葬

2004 年，被山西省人民政府公布为第四批省级文物保护单位。

《金石萃编》记载：“茂生于北魏永熙三年，薨于隋开皇十四年，即以其年归葬，碑当立于是年。”陈茂历经北周、隋两朝，为隋朝的建立和巩固作出过贡献，卒后归葬故里。现仅存陈茂墓冢和陈茂碑。

墓地原有陵园南北宽约 100 米，东西长约 200 米。墓冢坐北朝南，冢高 4 米，周长约 10 米。陈茂碑立于墓冢正南方，碑高 1.95 米，宽 0.75 米。碑首篆额“大隋上开府梁州刺史陈公碑”。

陈茂墓碑碑额

陈茂墓冢

薛道实墓

临猗县

位置 运城市临猗县北辛乡平宜村

时代 唐代开元十一年（723）

类型 古墓葬

2004年，被山西省人民政府公布为第四批省级文物保护单位。

该墓地为隋代礼部侍郎薛道实及其家族墓地。薛道实卒于唐初，葬于此。墓地现存唐开元十七年（729）墓碑一通，石人、石羊、石狮各一对。墓碑通高3.4米，宽1.13米。碑额高1.03米，中间篆额“大唐隋故尚书礼部侍郎临汾公薛公碑”。墓地还保存其孙薛宝积墓碑一通，大部分埋于地下，碑首篆额“大唐扬州长府薛府君碑”。

薛道实作为隋代礼部侍郎，其生平事迹和贡献是了解当时社会政治、文化的重要窗口。薛道实墓作为其实物遗存，有助于研究隋唐官员的墓葬制度、丧葬习俗以及当时的社会等级制度。

薛道实墓碑侧面

薛道实墓碑正面

临晋文庙大成殿

位置 运城市临猗县临晋镇

时代 清代

类型 古建筑

2016 年，被山西省人民政府公布为第五批省级文物保护单位。

据 1923 年重修的《临晋县志》记载，临晋文庙始建于元至元年间，明、清两代予以重修，清咸丰三年（1853），对大成殿进行修葺。殿内梁架上保存有“大清咸丰元年岁次辛亥乙未辛卯日……”题记，记载了文庙大成殿的建造时间。临晋文庙现仅存大成殿，为清代建筑。

大成殿坐北朝南，东西长 23.18 米，南北宽 22.88 米，建筑面积 530.35 平方米。殿前设长 13.5 米、宽 9 米的大月台，月台周边以石栏围护，望柱与石栏板上皆有花草、瑞兽浮雕图案。月台中部设甬道，上铺浮雕双龙青石。大成殿面阔五间，进深六椽，单檐歇山顶，七檩前后廊式构架。黄、绿、蓝琉璃筒板瓦覆顶，置琉璃脊饰。楼阁式脊刹，层层矗立，其两侧为琉璃象、狮驮宝塔。檐下四周置柱头科和平身科，平身科一攒，形制相同，均为三踩单昂，明间出 45 度斜昂。殿内明间后檐墙有壁画，仅保存局部。博风板及两山花采用琉璃构件进行装饰，山尖正中为一琉璃双层圆形框，东侧山花内为琉璃双鹤、翠竹，西侧山花内为琉璃双鹿、绿树。

殿前西侧有唐柏一棵，树身高大粗壮，苍劲挺拔，东侧是北宋政和八年（1118）铸造的铁钟，钟身文字可考，铁钟现移至钟楼。殿内保存清康熙三十六年（1697）镌刻的《颜子赞》和《至圣先师孔子赞并序》碣各一方。

临晋文庙大成殿全景

临晋文庙大成殿梁架

东姚庄樊紫微碑楼

位置　运城市临猗县三管镇东姚庄村

时代　清代

类型　古建筑

2021年，被山西省人民政府公布为第六批省级文物保护单位。

东姚庄樊紫微碑楼创建于清咸丰六年（1856），坐东朝西，砖石结构，台明为条石砌筑，墙身条砖淌白砌筑，四角砌筑砖柱，柱脚施须弥座式石柱础，柱头置砖额枋，其转角处出头雕刻成兽头，前檐及两山柱间额枋浮雕戏曲人物、动物图案，后檐柱间额枋浮雕牡丹花卉。柱头置七踩三昂仿木砖雕斗栱，龙形耍头，其上施仿木砖雕椽飞。屋顶为单檐歇山顶，筒板瓦屋面，四角悬挂铁风铎，屋脊砖雕人物、花卉，中央脊饰为人物、楼阁。

前后檐墙身砖雕平台、勾栏、望柱，上部正中石雕匾额，四周雕刻有动物、花卉等吉祥图案，正面楷书“璞玉”二字，匾额两侧砖雕武将，下部砖雕楹联：“气概庄严度量宏阔，居心忠厚作事端方。”背面门额书“浑金”二字，楹联曰：“推食解衣恩滋夏雨，怀仁慕义众醉春醪。”两山墙上层砖雕圆窗，下层无装饰。

前后檐墙身均辟洞口，内树樊紫微德行碑。碑青石质，龟座，螭首，高2.8米，宽1.5米。首题“皇清”二字，中间大字一行“乡饮介宾国学生帝室樊公德行碑”，碑文楷书，小字8行，行19字，记载了樊紫微以行驼为业，家业炽昌后扶贫济国、乐善好施的事迹。碑身四框饰瓶花、石榴、兰、竹、松等图案。碑前有石栏杆，四周施围栏。

东姚庄樊紫微碑楼正立面

万荣稷王山塔

2013年，被国务院公布为第七批全国重点文物保护单位。

据塔内碑铭记载，万荣稷王山塔始建于北宋元祐二年（1087）。原属后稷庙的一部分，庙已毁，仅存此塔。

塔为七层密檐式砖塔。平面呈八角形，残高23米，底层边长2米，塔身向上逐层收分，每层均叠涩出檐。第一层塔身高大，檐下饰以砖雕仿木构斗栱和普拍枋，每面置补间铺作二朵，斗口出蚂蚱头。塔身其余各层皆为素面。塔内中空，第一层顶部做叠涩藻井。因地震和风雨侵害，塔刹已残毁。

稷王山塔始建年代可考，造型简洁，时代特征明显，为研究宋代砖塔的形制提供了宝贵的实物资料。

位置 运城市万荣县汉薛镇稷王山顶

时代 宋代

类型 古建筑

万荣稷王山塔局部

万荣稷王山塔远景

中里庄八龙寺塔

位置：运城市万荣县荣河镇中里庄村

时代：宋代

类型：古建筑

2013年，被国务院公布为第七批全国重点文物保护单位。

中里庄八龙寺塔原为八龙寺建筑物，现寺已毁，仅存塔。据民国《荣河县志》记载：“宋大中祥符五年，真宗祀汾阴过此，见八龙垂象之瑞，因建寺。”塔北一层中间曾镶有宋熙宁七年（1074）重修碑碣。

塔坐北朝南，为方形七层楼阁式砖塔，高约23.9米。基座高0.62米，边长3.65米。塔身向上逐层收分，每层均叠涩出檐，塔身砖雕仿木构斗栱，形式多样。第一至三层檐下施仿木构五铺作双杪斗栱；第四层檐下斗栱为五铺作双下昂，批竹昂头和上卷昂头共存；第五层檐下出斗口跳；第六、七层和顶部

中里庄八龙寺塔局部

中里庄八龙寺塔远景

均为明清时期重修。塔身南面一至五层均有砖券拱门，其中三、四层均在东、西、北三面设砖券拱门。

中里庄八龙寺塔建造年代可考，造型挺拔秀丽，对研究本地区北宋时期砖塔发展与演变等具有一定的历史价值。

中里庄八龙寺塔近景

万荣旱泉塔

位置：运城市万荣县高村镇卓立村

时代：宋代

类型：古建筑

2013年，被国务院公布为第七批全国重点文物保护单位。

万荣旱泉塔原为孤山槛泉寺建筑，现寺已毁，唯塔尚存，亦称“槛泉塔”。据民国版《万泉县志》记载，旱泉塔为北宋宣和二年（1120）建造。

塔坐北朝南，平面呈方形，为十一层密檐式砖塔，占地面积20.7平方米，残高约31.2米。塔身向上逐层收分，每层均叠涩出檐。下衬方形须弥座塔基，塔身底层最高，高1.4米，南向辟砖券拱龛。一至四层用砖雕出柱、梁、斗栱和普拍枋等。第一层每面均为两开间，补间铺作一朵，四铺作单杪。第二至三层每面施三朵，第四层补间铺作一朵，把头绞项作，各层蚂蚱头形制一致，斜杀内凹。第五层以上不做仿木构雕饰。

万荣旱泉塔始建年代可考，造型优美，对研究本地区北宋砖塔演变具有一定的历史价值。

万荣旱泉塔局部

万荣旱泉塔鸟瞰

万荣旱泉塔全景

南阳村寿圣寺塔

位置 运城市万荣县里望乡南阳村

时代 宋代

类型 古建筑

2013年，被国务院公布为第七批全国重点文物保护单位。

南阳村寿圣寺塔，俗称“南阳塔”，原系寿圣寺内建筑，寺已毁，仅存塔。

塔体坐北朝南，为八角十一层楼阁式砖塔，由地宫、塔基、塔身、塔刹四部分组成，现总高约24.3米，占地面积约34.2平方米，塔下有地宫。塔身一层砖雕仿木结构，柱头施五铺作双杪斗栱，二层以上无斗栱，叠涩出檐。每层正面辟圆形拱门，二至六层每面辟两个方形洞窗，塔刹已毁。塔身收分较大，外形轮廓挺拔秀美。塔内中空，辟有方形塔室。塔旁置金代铁钟一口，高2.35米，直径1.65米，厚0.05米，四周铸有文字。

南阳村寿圣寺塔局部

南阳村寿圣寺塔全景

万荣稷王庙

位置：运城市万荣县南张乡太赵村

时代：宋代

类型：古建筑

2001年，被国务院公布为第五批全国重点文物保护单位。

万荣稷王庙庙内供奉农业始祖后稷，又称“后稷庙”。创建年代不详，据庙内碑文记载，元至元八年（1271）、至元二十五年（1288），清同治四年（1865）重修。万荣稷王庙坐北朝南，一进院落布局，占地面积3520平方米，现仅存中轴线上的正殿及戏台，其余建筑大多毁于抗日战争期间。正殿为宋代遗构，戏台始建于元至元八年，1924年重修。

正殿位于院落北端，面阔五间，进深六椽，单檐庑殿顶，六架椽前后乳栿用四柱。殿内无通长大梁承托，俗称“无梁殿”。前后廊及两山面斗栱均为五铺作双下昂。前檐当心间辟隔扇门，次间为棂条窗，皆为后人补葺。2011年，在正殿明间下平槫襻间枋发现天圣元年（1023）墨书题记。殿内墙上嵌有元至元八年创建舞厅碣一方；正殿左右两侧共竖碑九通；檐下悬挂宋宣和四年（1122）铸铁钟一口。

戏台坐南朝北，位于院落南端，面阔三间，进深四椽，台基高1.5米。平面呈“凸”字形，屋顶为硬山勾连搭歇山顶。

稷王庙正殿是中国现存的唯一一座北宋庑殿顶建筑，在现有的历史遗存中，其年代和类型独特而珍稀。稷王庙经宋、元、清重修，现存古建筑体现出不同时代的典型特征，反映出稷王庙的发展变迁，也是体现我国木结构建筑发展变迁的典型实例之一。

万荣稷王庙戏台

万荣稷王庙正殿正立面

万荣稷王庙鸟瞰

万荣东岳庙

位置　运城市万荣县解店镇新城村

时代　元代至清代

类型　古建筑

1988年，被国务院公布为第三批全国重点文物保护单位。

万荣东岳庙，亦称“岱岳庙”“泰山庙”。据庙内碑文记载，东岳庙始建于唐代贞观之前。元至元二十八年至大德元年（1291—1297）重建，明正德十五年（1520）、万历四十五年（1617），清乾隆十一年（1746）、咸丰年间屡次重修。万荣东岳庙坐北朝南，占地面积1.58万平方米。现存建筑沿中轴线由南至北依次为飞云楼、午门、献殿、香亭、正殿、阎王殿。其中，午门、献殿、香亭、正殿为元建明修，飞云楼为明建清修，阎王殿建于清代。

午门面阔七间，进深六椽，单檐歇山顶，檐下斗栱五铺作双昂，为元代遗构。献殿面阔七间，进深六椽，硬山顶，斗栱四铺作单昂，无补间铺作，前后檐及中柱上皆用大额枋，柱础为方形，元代特色显著。香亭平面呈方形，单檐十字歇山顶，琉璃脊兽齐备，四周勾栏雕流云和盘龙。正殿面阔、进深各五间，平面近方形，重檐歇山顶，斗栱四铺作，上檐单昂，下檐出单杪。前檐石柱收杀较大，殿内梁架多为圆材略加锛砍后制成，为元代遗构。

飞云楼建于明正德年间，通高23.19米，六层檐口，三层四出檐，楼顶为十字歇山式。飞云楼底部为砖砌台基，平面呈方形；一层为砖木混合结构，面阔、进深各五间，设檐柱、金柱二周构成棋盘式；二层以上为纯木结构，二层每面各出山花一间；二、三层下部设矮柱架额枋与斗栱制成平座，平座上置勾栏围护并设腰檐。楼内以四根通天柱为楼身骨架，各层间设有额枋、间枋、地板枋、穿插枋、平板枋等相互贯连、内外拉结，形成筒形构造。全楼斗栱密布，共300余组。

院内保存有元、明、清历代重修碑九通。

万荣东岳庙现存文物建筑较好地保留了不同时代的建筑特点，而且其院落格局、碑刻题记等共同见证、记录了东岳庙的建成、发展和变迁，展现了该地区民俗、宗教、社会发展情况。庙内文物建筑体现了所属年代在造型、空间、装饰等方面的艺术价值，特别是飞云楼，造型秀丽美观，结构组合巧妙，充分发挥了中国古建筑技法的特长，是现存古建筑中难得的实物资料。

万荣东岳庙飞云楼梁架

万荣东岳庙鸟瞰

万荣东岳庙飞云楼近景

万泉文庙

位置 运城市万荣县万泉乡万泉村

时代 明代

类型 古建筑

2006年，被国务院公布为第六批全国重点文物保护单位。

万泉文庙创建年代不详，明正德十三年（1518）、嘉靖七年（1528）重修。万泉文庙坐北朝南，院落南北长87米，东西宽32米，原有大成殿、献殿、牌楼、琉璃影壁、东西厢房、月台等，现仅存中轴线上的大成殿和影壁，其余建筑均不存。

大成殿建于明正统四年（1439），面阔五间，进深六椽，单檐歇山顶，黄绿琉璃屋面。梁架为六架梁后接单步梁用三柱，五架梁由柁峰隔承，三架梁由瓜柱顶承，三架梁上立瓜柱置栌斗、丁华抹颏栱及替木承脊槫，叉手捧戗脊槫两侧。檐下斗栱五彩双下昂，耍头蚂蚱形。前檐中三间设隔扇门，梢间设直棂窗。梁、柱、椽、枋都施彩绘，额枋饰有土红色云纹或团花彩绘。脊槫下皮有明代重修墨书题记。

影壁为明代遗构，正立面镶嵌有浮雕琉璃图案和砖雕花纹，中间高两边低。院落有古柏七棵，石碑四通，其中一通为清雍正三年（1725）汉、满文《平定青海告成太学碑》。

万泉文庙经历代重修，现存文物建筑体现出明、清等不同时代的典型建筑特征，反映出万泉文庙的发展、变迁历程。大成殿琉璃屋面和影壁琉璃浮雕，体现出明清时期万荣地区较高的建筑技术和艺术审美水平。

万泉文庙大成殿正立面

万泉文庙影壁

万泉文庙鸟瞰

薛瑄家庙及墓地

万荣县

位置 运城市万荣县里望乡平原村

时代 明代至清代

类型 古建筑

2013年，被国务院公布为第七批全国重点文物保护单位。

薛瑄（1389—1464），字德温，号敬轩，谥文清，河东河津（今运城市万荣县里望乡平原村）人。明代思想家、理学家、文学家，河东学派创始人。曾官至礼部左侍郎，著有《薛文清公全集》。

薛瑄家庙又名“薛夫子庙”。原有前后两院，现仅存前院，为薛瑄第六世孙薛兰于明万历四十七年（1619）所建。整体布局为一进四合院，坐南朝北，占地面积243平方米，现仅存门庭（庙门）、正殿。

门庭面阔三间，进深三椽，单檐悬山顶。正殿面阔三间，进深四椽，单檐悬山顶，五架梁通达前后檐，前檐插廊。庙内存有重建碑碣及名人楹联、匾额、题记等，《薛文清公全集》明万历四十三年（1615）木雕书版1080块位于薛瑄纪念馆内。

薛瑄墓地在村西300米处，坐南朝北，占地面积1.6万平方米。由北向南保存有砖影壁、牌楼、拴马石柱。周围有土墙，现存明代石碑19通，墓冢百余座。薛瑄墓在墓地东侧，冢高1.5米，周长18米。

薛瑄家庙及墓地保存较完整，为研究地方史、家族史提供了实物资料。

薛瑄家庙及墓地牌坊

薛瑄家庙正殿

北辛舍利塔

位置 运城市万荣县荣河镇北辛村

时代 明代

类型 古建筑

北辛舍利塔远景

2019 年，被国务院公布为第八批全国重点文物保护单位。

北辛舍利塔于明洪武十六年（1383）修建，原为崇胜禅院建筑，现寺已毁，仅存塔。

该塔为圆形五层覆钵式喇嘛砖塔，通高约 18 米，塔基座呈方形，边长 5.8 米，占地面积 31 平方米。塔基埋于地下，塔身为五层，一层平面呈方形，边长 5.8 米，素面无饰，叠涩出短檐，正面当心辟拱门，二层为相叠须弥式，三层为圆形覆钵状。

北辛舍利塔为研究河东佛塔的类型及发展演变提供了珍贵的实物资料。

北辛舍利塔近景

万荣后土庙

1996年，被国务院公布为第四批全国重点文物保护单位。

万荣后土庙，又称“后土祠”，创建于汉文帝时，汉武帝元鼎四年（前113）扩建，改庙为祠，定为国家祠庙。此后，东汉、隋唐、北宋均有兴建，北宋大中祥符四年（1011）达到极盛。明清时期，因黄河冲刷，经先后多次迁建，均被黄河吞没。清同治九年（1870），知县戴儒珍复移建后土庙于庙前村东北的高崖上，即今址，次年主殿落成；同治十三年（1874），秋风楼建成。光绪时继有兴建，除保存至今的山门、戏台、献殿、香亭、正殿、秋风楼、东西五虎殿外，献殿正前方还有一座三门牌坊，左右两侧还建有钟鼓楼，院落中轴线两侧还建有多座配殿。1916年，后土庙被改造为庙前村初级小学校，庙内建筑被改造为学校教室，建筑内部塑像逐渐被毁。1962年至1963年，从沉于泥沙的宝鼎县故城遗址中发掘出《汾阴二圣配飨铭》，于1965年立于在后土庙内修建的碑亭中。

后土庙现存建筑为清同治九年新选庙址重建。坐北朝南，占地面积约2.5万平方米，祠内现存有山门、并列戏台、献殿、香亭、正殿、秋风楼等，献殿前西侧为白虎殿，东侧为青龙殿。庙内存有碑刻九通，包括宋真宗亲撰的《汾阴二圣配飨铭》碑、金代后土祠线刻庙貌全图碑、元代镌刻的《秋风辞》碑、清代王轩篆书的《秋风辞》碑等。

位置 运城市万荣县荣河镇庙前村

时代 清代

类型 古建筑

秋风楼位于正殿之后，因汉武帝在此赋《秋风辞》而得名，同治十三年建成。砖木结构，建于高台之上，楼身明三层暗四层，高 33 米余，面阔、进深各五间，四周回廊。一、二层四面出抱厦一间，上筑瓦顶，山花向前；二、三层廊下置有平座或斗栱，屋顶为十字脊歇山顶。楼内设有金柱 12 根，直通楼顶。秋风楼挺拔秀美，为中国楼阁建筑中的佳作。

并列戏台为两座并列的三开间戏台，坐南朝北，中间由屋顶连接，进深四椽，后劄牵，平柱外移，大额枋承接大梁。

《汾阴二圣配飨铭》碑又名“萧墙碑”。北宋大中祥符四年立石，由五块石碑拼嵌而成，通高 2.52 米，通宽 7.14 米，青石质。碑文楷书，首题“汾阴二圣配飨铭”。全文 1300 余字，由宋真宗赵恒亲撰、亲书、亲篆额。

万荣后土庙历史悠久，自汉代以来就是历代皇帝的祭祀之地，反映了中国古代祭祀仪典制度和后土信仰的演变，也体现了汾阴地区重要的文化历史地位。庙内留存的碑刻、题记等，记录了历代崇祀汾阴后土的重要历史事件，反映了后土庙建立、发展与变迁的历史过程，具有重要的文献价值。

万荣后土庙鸟瞰

万荣后土庙秋风楼全景

万荣后土庙《汾阴二圣配飨铭》碑拓片

闫景李家大院

位置　运城市万荣县高村镇闫景村

时代　清代至民国

类型　古建筑

2013年，被国务院公布为第七批全国重点文物保护单位。

闫景李家大院始建于清道光年间，于民国初年建成。现有院落11组，房屋230间，另有祠堂、花园遗址等，共占地8.3万平方米。整个建筑多为二进、三进四合院格局。主要包括道北一号院、道北二号院、道南一号院、道南二号院、私塾院、李道荣宅院、李子用宅院、李氏祠堂、李家花园。

道北一号院创建于清光绪二十九年（1903），二号院创建于1921年。两院皆坐北朝南，二进院落布局，南房、过厅、北房均为面阔三间、单檐硬山顶建筑，过厅、北房檐下有木刻雕花斗栱。道南一、二号院形制相同，皆建于1931年，坐南朝北，三进院落布局，门房、北房、过厅、南房均为三开间、硬山顶建筑。二号院大门为西式建筑风格，而又以晋南传统图案装饰。私塾院属于一进院落，保存比较完整。门楼一间，坐西朝东，其五层木雕花板和板门铁艺内容丰富，雕刻精美；东厢房面阔三间，进深两椽，单檐硬山顶，檐下有木刻雕花斗栱；北房面阔三间，上为带插廊砖券窑洞，下为地下室。该院月亮门采用了日式推拉门形式，其七层镂空砖雕和琉璃艺术精美绝伦，为大院一绝。李子用宅院依崖而建，崖下为九间带插廊式砖券窑洞并设楼梯通崖上。崖上院落有三省台、藏书楼、门楼等。藏书楼位于北侧，坐北朝南，上下两层为砖木混合结构，面阔十二间，进深三椽，单檐硬山顶。

闫景李家大院全景

闫景李家大院鸟瞰

闫景李家大院作为近代晋商发迹史的实物例证，其建筑风格、院落布局既富有地方特色，又融入了西方元素，体现了中西文化交流的时代特征。

闫景李家大院木阁楼

荆村遗址

万荣县

类型 古文化遗址
时代 新石器时代
位置 运城市万荣县万泉乡荆村

1965年，被山西省人民委员会公布为第一批省级文物保护单位。

荆村遗址南依孤山，西临涧沟，面积约9万平方米。

1927年春，著名历史学家卫聚贤发现了该遗址。1930年10月，卫聚贤、董光忠等人发掘了荆村遗址。出土有泥质红陶、泥质灰陶和夹砂红陶片，纹饰有绳纹、划纹、线纹、黑彩圆点纹和弧形三角纹，器形有小口尖底瓶、敛口钵、盆和圈足碗等，另出土有石斧、铲及骨针、锥等，属仰韶文化庙底沟类型遗存。1931年4—5月，卫聚贤代表北平女师大，与美国弗利尔艺术馆、山西图书馆合作，正式展开发掘，发现了一批庙底沟二期典型陶器。

2020年10月，西北大学文化遗产学院、万荣县文化和旅游局联合对该遗址进行了一次详细的调查，发现了仰韶、龙山等阶段的灰坑、房址、窑址等多种遗迹。所获的仰韶中期遗物丰富，有重唇口尖底瓶、叠唇盆、绳纹夹砂罐、绘弧边三角纹和圆点纹的彩陶钵、盆、鸟头状装饰等典型遗物。

荆村遗址是继夏县西阴村遗址后，第二个由中国人主持发掘的新石器时代遗址，也是山西省第三处经科学发掘的考古遗址。

荆村遗址断崖暴露陶片

荆村遗址近景

荆村遗址航拍图

汾阴城址及墓地

运城市万荣县荣河镇庙前村

东周、汉代

古文化遗址

1986年，被山西省人民政府公布为第二批省级文物保护单位。

汾阴古城，为战国时期魏国汾阴邑，西汉置汾阴县，东汉、晋延续之。该城址因黄河水泛滥，于1969年被彻底冲毁，平面形状不详，分布面积约4000平方米。黄河主河道倒西以后，河床暴露，地面遗迹无存。城址东南为汾阴墓地，分布面积约15万平方米，治黄公路从墓地南侧穿过，其西部、西北部边界为汾河东岸台地边缘。1961年，经调查钻探共发现墓葬116座，其中有战国时期的土坑墓、西汉的洞室墓。1962年，发掘土坑竖穴墓34座。1989年，运城文物部门清理砖室墓4座。

汾阴城址及墓地远景

汾阴城址及墓地文保标志碑

薛怀吉家族墓地

位置：运城市万荣县贯村乡西思雅村北

时代：北魏

类型：古墓葬

2021年，被山西省人民政府公布为第六批省级文物保护单位。

薛怀吉家族墓地主要为北魏时期的古墓葬。

薛怀吉墓为长斜坡墓道单室砖墓，平面近“甲”字形，坐北朝南，由墓道、过洞、天井、墓门、甬道及壁龛、石门、墓室及耳室等组成，全长约50米。墓室内各类遗物、葬具、人骨等四处散布。出土人骨为一男一女两副。残存梯形石棺一具，由底板、两侧帮板、前后挡板及盖板组成，残缺不全。石棺帮板及挡板外立面线刻花纹，内容丰富。墓葬共出土陶质、瓷质、铁质、铜质、石质等各类遗物共计300余件（组）。墓志志盖被砸毁，仅残存数块；志底出于甬道南端，保存完整，边长0.85米，厚0.15米；志文主要记述了墓主人生平事迹和为官经历。

薛怀吉墓形制规模较大，出土文物内涵丰富，具有明确纪年，为北朝、隋唐时期墓葬断代，提供了又一座准确的年代标尺。同时，该墓也是山西南部地区经科学发掘的规模最大的北朝墓葬，时代早、规模大，为北朝、隋唐墓葬制度、器用研究等增添了珍贵的考古资料。

薛怀吉墓全景

薛怀吉墓天井、甬道及墓室土圹

薛怀吉墓出土的陶马

荣河吕祖庙戏台

万荣县

位置 运城市万荣县荣河镇荣河村

时代 清代

类型 古建筑

2021年，被山西省人民政府公布为第六批省级文物保护单位。

吕祖庙创建年代不详，庙内其他建筑已毁，现仅存戏台。

戏台为清代遗构，坐南朝北，占地面积250平方米，建筑面积83平方米。面阔三间，进深四椽，单檐硬山顶。筒板布瓦屋面，梁架为三架梁对后单步梁。平面共立柱12根，前檐施石柱两根，柱脚施石柱础，柱头置平板枋，规格较大，柱身刻有楹联。柱间额枋雕刻花鸟、仙人等图案，额枋上装饰斗栱。斗栱分上下两层，下层斗栱翘头伸出悬挑垂帘柱，柱间额枋镂空雕刻，柱头置平板枋承上层三踩斗栱，小斗内不施厢栱，镂空雕花板拉结。前檐明间石柱外移，皆采用移柱造的手法以扩大演出空间。两山墙皆为清水墙，前檐墀头雕刻精美，山墙前端斜砌影壁，壁心分别雕松虎、云龙图案，墙头砌筑砖雕仿额枋、斗栱，造型独特。

荣河吕祖庙戏台形制规整，为研究清代戏剧演出场所的形制特点以及晋南戏剧班社活动提供了重要的实物例证。结构独特，雕刻工艺精湛，在形制、材料和工艺特点等方面保留了历史原状，具有鲜明的地方特色。

荣河吕祖庙戏台正立面

荣河吕祖庙戏台额枋木雕

上郭城址和邱家庄墓群

位置 运城市闻喜县桐城镇邱家庄村与上郭村之间

时代 周代至汉代

类型 古文化遗址

2006年，被国务院公布为第六批全国重点文物保护单位。

上郭村与邱家庄村相距约2公里，上郭村在西南，邱家庄村在东北。遗址坐落的鸣条岗为由西南向东北地势逐渐升高的长条形台地，涑水河由东北向西南流经台地西侧。

1974年，在上郭村发掘的74M55，墓口长6.4米，宽4.8米，积石积炭，出土有“荀侯”匜等珍贵文物，墓主人绝非一般贵族。2018—2019年，在邱家庄村发掘的M5001，墓口长14.3米，宽13.5米，积石积炭，墓葬规模超过了太原赵卿墓、新绛柳泉大墓，是目前为止山西发掘的规模最大的东周墓葬。此墓虽然被盗严重，但出土小件器物精美绝伦，绝非一般贵族可以拥有。

2020年，已经探明上郭城址的规模及城内布局，面积40万平方米，勘探结果表明上郭城址为晋国“古曲沃”之所在。据目前的考古发现来看，上郭—邱家庄遗址为晋国“古曲沃”的核心区域，是东周时期晋国宗庙所在地，即“古曲沃”的所在地，就在今天的闻喜县上郭—邱家庄遗址一带。

该遗址发现于20世纪50年代，从70年代至今，在该遗址开展考古工作获得的实物资料对于更深入了解遗址的面貌，整体把握遗址的基本情况有很大的意义。

邱家庄墓群 M5001 墓室俯视图

上郭墓地出土的玉璜

上郭墓地出土的玉兔

上郭墓地出土的玉玦

上郭墓地出土的玉人

后稷庙

位置 运城市闻喜县阳隅镇吴吕村

时代 元代至明代

类型 古建筑

2006年，被国务院公布为第六批全国重点文物保护单位。

后稷庙创建年代不详。明嘉靖年间，清乾隆二十九年（1764）、五十五年（1790）先后修葺。坐北朝南，占地面积约1600平方米。一进院落布局，中轴线上现仅存水陆殿和戏台，均为元代遗构。

水陆殿面阔三间，进深四椽，单檐悬山顶。柱头为四铺作单下昂斗栱，柱间施补间铺作一朵。门墩石上有元至元二十九年（1292）题记。水陆殿前立有清乾隆二十九年和五十五年重修后稷庙碑刻两通。

戏台与水陆殿相对，砖砌台基高2.5米，面阔三间，进深四椽，悬山顶。梁架为四椽栿通檐用三柱，前檐施圆形通长额枋，平柱向两侧外移，建筑风格尚存元代遗风。

后稷庙作为祭祀后稷的场所，承载着人们对农业神灵的敬仰和对丰收的祈愿，为研究运城地区民间信仰提供了实物资料。

后稷庙水陆殿正立面

后稷庙戏台

后稷庙水陆殿斗栱

郭家庄仇氏石牌坊及碑亭

位置 运城市闻喜县郭家庄镇郭家庄村

时代 清代

类型 古建筑

2013年，被国务院公布为第七批全国重点文物保护单位。

郭家庄仇氏石牌坊及碑亭为该村仇氏后裔在清同治、光绪年间为彰表孝义、褒扬先祖功德而建。占地面积约1540平方米，由一座石牌坊和五座碑亭组成。

石牌坊也称节孝坊，坐北朝南，石质仿木结构。创建于清光绪年间，为清代盐提举仇嘉谟奉旨为其母孙宜人所建的贞节牌坊。六柱五门式，三重檐歇山顶，高约15米，立柱建在条石垒砌的台基之上，当心间原来可通车马行人，东西两侧各两根边柱与中柱组合形成八字形，结构独特。象驮宝瓶脊刹，卷尾吞脊兽，正楼檐下有“圣旨”匾额，平板枋与边柱分别镌刻额题、对联。额枋及花板雕刻“八仙祝寿”人物故事、花卉等图案及万字纹。夹杆石须弥座浮雕力士，上下枭仰覆莲造型饱满，包袱角装饰瓶花、瓜果。石雕纹饰造型生动，雕工精良，部分构件为近年修补。

旁有仇氏碑亭五座，分布于村口长约130米的道路两旁，路东两座，自北至南为仇毓镜神道碑亭和仇氏三兄弟德行碑亭；路西三座，自北至南为仇氏五碑碑亭、赵太君德寿碑亭和薛太君节孝碑亭。碑亭均为石质仿木结构，建于块石垒砌台基上，除仇毓镜神道碑亭为十字歇山顶外，其余均为单檐歇山顶。碑亭正侧面均浮雕装饰图案，镂刻颂扬主人的对联、石匾额等，保存较好。

仇氏石牌坊正立面

仇氏五碑碑亭

仇毓镜神道碑亭

回坑遗址

位置：运城市闻喜县阳隅镇回坑村西

时代：新石器时代

类型：古文化遗址

1965年，被山西省人民委员会公布为第一批省级文物保护单位。

回坑遗址面积约50万平方米，时代为仰韶中期、龙山晚期。遗址范围内遗存丰富，文化层厚3—4米。断崖上暴露遗迹有灰坑、房址等。采集有仰韶中期的泥质红陶黑彩弧边三角纹盆、敛口钵、线纹尖底瓶和夹砂褐陶线纹罐；龙山晚期三里桥类型的夹砂灰陶绳纹单把鬲、折沿深腹罐和泥质灰陶小杯等残片。

回坑遗址文保标志碑

南白石遗址

位置：运城市闻喜县后宫乡南白石村西

时代：新石器时代、周代

类型：古文化遗址

2021 年，被山西省人民政府公布为第六批省级文物保护单位。

南白石遗址东西长约 2500 米，南北宽约 1000 米，总面积约 250 万平方米，该遗址的文化层厚 1—3 米，发现有新石器时代（仰韶、龙山时期）及周代遗存，断面还暴露有白灰面房址。

该遗址保存较好，且时间跨度长，地表遗物丰富，是一处较为典型的先秦遗址。

南白石遗址出土的陶片

千金耙矿冶遗址

位置　运城市闻喜县石门乡玉坡村西南

时代　夏代至商代

类型　古文化遗址

2021年，被山西省人民政府公布为第六批省级文物保护单位。

千金耙矿冶遗址通过多次调查及两次发掘，已判明自玉坡村至焦家沟村的闻垣路沿线，向东至篦子沟矿通风井的三角地带皆有古代采冶遗迹、遗物分布，遗址总面积479839平方米。

千金耙矿冶遗址是目前国内发现的年代最早的铜采冶遗址，2011—2012年，国家博物馆联合山西省考古研究所，对千金耙矿冶遗址进行了抢救性发掘，主要遗迹为采矿井巷、灰坑、木炭窑、灶等。

在闻喜及垣曲县境内已发现20余处古代矿冶遗址，表明中条山在古代就是重要铜产地，与早期国家政权及军事建设密切相关。其矿体含高放射性成因铅之特征，与个别二里头文化青铜器及大量商前期青铜器所含铅相同，为深入研究中条山地区古代采矿、冶金、金属原料流通以及夏商青铜器原料产地提供了重要的考古学证据。

千金耙矿冶遗址发现的竖井

千金耙矿冶遗址发现的废石堆积

千金耙矿冶遗址采集的陶片和炉壁残片

大马古城址

位置：运城市闻喜县畖底镇东大马村东、西大马村北、栗村与下官张村南范围内

时代：东周至汉代

类型：古文化遗址

2021 年，被山西省人民政府公布为第六批省级文物保护单位。

大马古城址平面略呈方形，东西长 998 米，南北宽 980 米，面积 97.81 万平方米。据史料记载，大马古城即春秋时晋国之清原城。

城址四面各设一门，现仅存残迹。城墙底宽 8—10 米，残高 2—5 米，墙体夯筑，夯层厚 0.08—0.1 米，城墙外四周有城壕，宽 20—25 米，城内暴露有灰坑、窑穴、瓮棺葬等遗迹，出土遗物包括东周时期泥质灰陶罐、盆、壶等，以及汉代泥质灰陶罐及板瓦、筒瓦等残片，早年也曾出土过铜镞、戈等兵器。

大马古城址的保存为研究晋国史提供了实物资料。

大马古城址采集的陶片

大马古城址西侧城墙基址

酒务头墓群

位置　运城市闻喜县河底镇酒务头村

时代　商代

类型　古墓葬

2021 年，被山西省人民政府公布为第六批省级文物保护单位。

酒务头墓群面积 5500 平方米，年代相当于殷墟文化四期，共发现商代晚期墓葬 12 座、车马坑 6 个、灰坑 5 个。出土青铜器、陶器、玉器、骨器等文物共计 500 余件。

5 座带墓道的“甲”字形大墓（编号 M1— M5），自西向东依次排列，墓道均朝南，有台阶墓道或斜坡墓道。墓室平面为横长方形，均有生土二层台。葬具为一椁一棺，椁底正中有长方形腰坑。葬式为仰身直肢葬，墓主头向西或向东。3 座墓内发现有殉人，其中一座 7 例，其余两座各一例，葬式包括侧身屈肢和仰身直肢。多数墓葬的二层台上和腰坑内均有殉牲，以殉狗为主。墓葬西侧或西南侧多陪葬一至两座车马坑，共 6 座。其中一号墓的陪葬车马坑（K1），平面近方形，坑内发现一车二马一殉人及大量车马器。殉人位于车马北侧，头朝东，与马车方向一致。

中小型墓分布于大型墓西北，均为竖穴土坑墓。中型墓 4 座，有二层台和腰坑，葬式与头向不明，均有殉牲；小型墓 3 座，不设二层台和腰坑，墓主头向西，葬式各异，仅一座墓中发现殉人和殉牲。

墓地出土的青铜器组合以及器形、纹饰风格均与殷墟青铜器相同，但大墓形制又有差异，表现了商文明演进过程的同一性与复杂性。这对于认识晚商文化的区域类型，以及商王朝西部势力范围的变迁、中央对地方的管控方式和国家政治地理结构等课题的深入研究意义重大。酒务头墓群的发现填补了晋南地区晚商遗存的空白，为研究商代晚期的历史、礼制、文化，商末国家政治结构以及古代文化交流提供了宝贵的资料。

酒务头墓群 M1 墓室俯视图

酒务头墓群 K1 车马坑

酒务头墓群 M1 墓室出土的觚、爵

酒务头墓群 M1 墓室出土的酒器、水器

酒务头墓群出土器物的族氏铭文

酒务头墓群 M1 墓室出土的玉器

官庄墓地

置：运城市闻喜县东镇官庄村

：两周、汉代

型：古墓葬

2021年，被山西省人民政府公布为第六批省级文物保护单位。

官庄墓地南北长约400米，东西宽约300米，总面积约12万平方米。

除两周墓葬外，在村东断崖曾经暴露砖室墓六座，2009年修建济东高速公路时在村北约250米的断崖边又发现砖室墓四座。1984年，清理一座残墓，为单室券顶砖墓，出土有陶鼎、茧形壶和陶罐等遗物。

官庄墓地主体年代突出，规模庞大，为研究两周及汉代的政治、经济、文化等提供了实物资料。

官庄墓地现状

裴氏墓群

位置：运城市闻喜县东镇仓底村

时代：汉代、唐代、宋代

类型：古墓葬

1996年，被山西省人民政府公布为第三批省级文物保护单位。

裴氏墓群为闻喜世家裴氏祖茔地。据清光绪版《闻喜县志》记载，“凤凰塬方圆数十里，为三晋望族裴氏祖茔地”。墓地分布于凤凰塬上，未发掘，时代包括了汉、唐和宋代。墓地内墓冢高如小丘，共200余座。仓底村东南双古堆有墓冢两座，圆形封土堆，底径11.5—20米，残高2.8—5米。1986年，在该村清理唐吏部侍郎裴皓墓，墓道长39米，四个天井，出土有陶俑、瓷罐及汉白玉墓志，志文记载了墓主的官职、生卒年月及裴氏家族的源流和族望。

裴氏墓群远景

伯里合不花墓

位置 运城市闻喜县东镇西街村

时代 元代至正五年（1345）

类型 古墓葬

1965年，被山西省人民委员会公布为第一批省级文物保护单位。

伯里合不花，姓忽神氏，元代故镇国上将军，河南淮北蒙古军都万户府副都万户，赠辅国上将军、枢密副使获军，追封云中郡公，谥襄懋。

伯里合不花墓南北长80米，东西宽50米。墓冢坐北朝南，保存较为完整，墓前有元至正五年（1345）立的《忽神公神道碑铭》一通，以及数个石人、石兽等石刻造像。

该墓的石刻造像不仅展示了元代墓葬的规制和布局特点，也反映了当时社会的审美取向和艺术风格。伯里合不花墓对于研究元代军事、政治及人物生平具有重要历史价值。

伯里合不花墓文保标志碑

伯里合不花墓墓碑

杨深秀墓

位置 运城市闻喜县桐城镇仪张村

时代 1926年

类型 古墓葬

1996年，被山西省人民政府公布为第三批省级文物保护单位。

杨深秀（1849—1898），字漪村，山西闻喜人，清末维新派。戊戌年间，因主张变法维新，被慈禧太后杀害，为“戊戌六君子”之一。墓冢呈圆形，高3米，下部用石条砌成，上部为封土堆，直径6米。冢旁立有墓碑，碑额题“戊戌志士杨深秀之墓”。

杨深秀的英勇事迹和悲壮命运在中国近代史上留下了深刻印记。杨深秀墓作为纪念这位历史人物的场所，直接关联到戊戌变法的历史事件，是研究清末政治、社会变革及历史人物的重要实物资料。

杨深秀墓文保标志碑

杨深秀墓墓冢

保宁寺塔

位置：运城市闻喜县东镇西街村北街自然村

时代：北宋治平二年（1065）

类型：古建筑

2016 年，被山西省人民政府公布为第五批省级文物保护单位。

据碑刻和塔门额题记载，保宁寺初名“唐兴寺”，始建于唐开元六年（718），宋治平二年（1065）重修后改为“保宁寺”，元至元年间、清雍正三年（1725）重修。现寺已毁，仅存宋代砖塔一座，保宁寺塔建于宋代。

保宁寺塔为八角七层楼阁式砖塔，残高约 20 米。坐北朝南，占地面积 38.7 平方米。方形塔基东西长 6.33 米，南北宽 6.12 米，高 6.2 米，下部石砌，上部砖筑，塔刹已毁。一层南向辟长方形门，门宽 0.72 米，高 1.15 米，深 2.25 米，檐口设仿木结构砖雕斗栱，五铺作双杪形制。塔内方形中空直达顶层，每层南面辟砖券圆拱门，一层门额上原有“永固大宋治平二年建立，大清雍正三年重修”的题记，现已被砸毁。塔基背面嵌有重修保宁寺盘龙碑一通，篆书题额“重修保宁禅寺之碑”。

保宁寺塔是山西楼阁式砖塔中的珍贵遗存，代表了运城地区宋代砖塔建筑的工艺水平，为研究中国古塔的形制特征及发展演变提供了重要参考。

重修保宁寺盘龙碑

保宁寺塔全景

闻喜文庙

位置：运城市闻喜县桐城镇东社村

时代：明代至清代

类型：古建筑

1996年，被山西省人民政府公布为第三批省级文物保护单位。

闻喜文庙创建年代不详，宋咸平四年（1001）重建，金大定二十六年（1186）增修，元大德七年（1303）毁于地震，明洪武十二年（1379）重建，弘治四年（1491）再建，此后屡经修建，1985年重修。

庙宇坐北朝南，占地面积2.1万平方米。历史上，闻喜文庙总体规模宏大，由庙区和学宫区两部分组成。多进院式布局，中轴线上原建有泮池、五龙影壁、棂星门、戟门、大成殿，东西两侧建有廊庑、传道斋、授业斋、敬一亭。现中轴线上古建筑仅存大成殿、五龙影壁、泮池，大成殿为明代建筑，五龙影壁和泮池为清代建筑，其余建筑均为1985年重建。庙区内存有宋大中祥符八年（1015），元至元十一年（1274）、延祐七年（1320），明嘉靖四年（1525），清康熙四十九年（1710）、康熙五十一年（1712）、乾隆三年（1738）等记事碑22通，明代孔子线刻石像碑一通。

大成殿于明弘治四年重建。砖石台基，高1.2米，占地212.08平方米。面阔五间，进深三间，单檐歇山顶，琉璃脊兽，琉璃瓦顶。梁架结构为七架梁对后单步梁通檐用四柱，柱头斗栱五踩双昂，明间施斜栱。前檐明、次间装五抹隔扇门。殿内后壁正中嵌明代孔子线刻像。

影壁坐北朝南，建筑面积17.74平方米，为一字影壁，南立面为五龙影壁，北立面壁心为二龙戏珠。

闻喜文庙一直是闻喜县历史上的文化中心，是当地社会文化发展的实物例证。

闻喜文庙大成殿西北角翼角斗栱

闻喜文庙大成殿正立面

岭东孙氏祠堂

位置 运城市闻喜县桐城镇岭东村

时代 明代至清代

类型 古建筑

2021年，被山西省人民政府公布为第六批省级文物保护单位。

岭东孙氏祠堂为闻喜历史上的名门望族孙氏家族的祠堂。其始祖孙良辅自元初由临汾迁至闻喜，至民国初年已有29世。清代，家族出进士一人，举人四人，副贡两人。孙氏祠堂创建于明万历三十八年（1610），清乾隆五年（1740）重修，明清屡有修葺。坐北朝南，占地面积529.8平方米，建筑面积240.54平方米。自南向北中轴线上原依次建有大门、二门和祭祖堂，祭祖堂两侧为东西耳房，院落两侧为东西廊房。现存大门、二门、祭祖堂和西廊房四座建筑。

祭祖堂为孙氏祠堂的主体建筑，平面呈“凸”字形，建筑面积97.28平方米，为明万历三十八年创建。面阔三间，进深三椽，单檐悬山顶，筒板瓦屋面，梁架结构为三架梁对前单步梁通檐用三柱。檐下施斗栱，额枋雕饰牡丹花。檐柱皆为方形石柱，明间石柱阴刻楹联一副，金柱每间设六抹头隔扇门。殿内正中上方悬木匾一块，阳刻行书“昭假燕宜”。室内立有牌位碑、家法碑、世系图碑。后檐墙正面建砖券圆拱顶神龛，龛内竖立清康熙五十一年（1712）所立的牌位碑刻一通。祭祖堂西山墙上嵌有清康熙五十一年刊刻的“家法三十条”石碣两方。祭祖堂北墙上嵌有清康熙五十一年刊刻的“闻喜孙氏世系昭穆图”连体石碑两通。祭祖堂东山墙上嵌有嘉庆二年（1797）所刻的“孙氏世系续图”连体石碑四通。

大门位于院落最南端，平面呈长方形，建筑面积 58.35 平方米。面阔三间，进深两椽，悬山顶屋面，梁架结构为前后单步梁通檐用三柱。前檐柱头施斗栱，额枋有雕饰。门额题刻“孙氏祠堂”四字，门左右蹲踞石狮一对。大门两侧设板门，门楣为砖质，缪篆阳刻，东边书“明洁”，西边书“静嘉”。大门北侧为二门，二门中间为垂花门，两侧设券门，垂花门为木构悬山顶，四角悬垂花柱，檐下施斗栱，抱鼓石上雕刻石狮。上额书“绍闻衣德”，为孙门进士、十二世孙子衵于清康熙三十五年（1696）题写。

西廊房位于院落西侧，建筑面积 60.32 平方米。面阔五间，进深两椽，悬山顶屋面，梁架结构为三架梁。

岭东孙氏祠堂是闻喜县一处明代家族祠堂，主体建筑基本保留历史原构，木雕、砖雕、石雕精美，是研究明清晋南地区祠堂建筑重要的实物资料。

岭东孙氏祠堂大门

岭东孙氏祠堂垂花门

康村碑楼

位置　运城市闻喜县畖底镇康村

时代　清代

类型　古建筑

2021 年，被山西省人民政府公布为第六批省级文物保护单位。

康村碑楼包括康村冯氏碑楼和康村雷氏碑楼两座建筑。

冯氏碑楼位于康村东北隅，为双碑楼，创建于清光绪十三年（1887）。坐东朝西，长 4.26 米，宽 2.7 米，高 8.81 米，占地面积 11.5 平方米。碑楼为青石仿木结构，面阔二间，进深一间，单檐歇山顶。长方形台基上施六根方形石柱，柱下施柱础，柱头上承檐额，柱间施由额与挂落，檐额与由额之间施垫板。檐额上置柱头科斗栱两攒，角科斗栱四攒，补间科斗栱两攒。柱头科与平身科为单栱交龙形要头斗栱，角科斜出象鼻形要头，其他与柱头科同。斗栱上承随檩枋、挑檐檩，檩上置椽望、筒板瓦屋面与脊饰。小额枋浮雕民俗故事。檐额出头处皆浮雕人面、兽面，枋身及檐额均浮雕仙人、瑞兽、花卉等图案。四面檐下皆悬石匾额。碑楼角柱正面、侧面均设楹联，中柱题七言诗句。碑楼内树立碑刻两通，皆为螭首方座，通高 3.8 米，宽 0.89 米，厚 0.21 米。其一立于清咸丰六年（1856），碑题“乡饮正宾贞吉冯长公八秩德寿碑”；其二立于清光绪十三年（1887），碑题“诰封奉直大夫丽春冯公暨配吕宜人六秩德寿碑”。

雷氏碑楼位于康村东南隅，为单碑楼，创建于清同治七年（1868）。坐东朝西，四面露明，通体石构，面阔一间，进深一间，仿木结构单檐歇山顶。石砌方形台基边长 3.52 米，高 1.54 米，占地面积 12.4 平方米。檐下装饰垂莲柱，四面皆悬石匾额，额枋上三踩单翘斗栱密致分布。额枋出头处皆雕兽面，枋身及檐额阳雕仙人、瑞兽、花卉等图案。四角石柱正面均刻楹联一副。楼内碑刻青石质，方柱体，螭首龟趺。首高 0.98 米，宽 0.85 米，四面均刻额题；身高 1.94 米，宽 0.75 米，正、背面刻饰回字纹。正面碑题“诰封奉直大夫军功议叙布政司经历加二级分发陕西即补县副堂附贡生素斋雷公德行碑”，碑文楷书，10 行，满行 61 字。碑阴碑文 13 行，行 52 字，楷书，碑文记载雷素斋生平并颂扬其德行。碑左侧刻撰文、书丹、篆额、校阅、拜寿人姓名；碑右侧刻襄助立碑的商号、亲友、乡亲姓名等。

康村碑楼整体结构巧妙，特色鲜明，雕饰别具一格，具有浓郁的地方特色，是研究清代区域性旌表类建筑的宝贵资料。

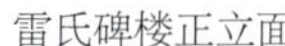

雷氏碑楼正立面

冯氏碑楼正立面

裴柏碑馆

位置　运城市闻喜县礼元镇裴柏村

时代　明代

类型　石窟寺及石刻

1986年，被山西省人民政府公布为第二批省级文物保护单位。

裴柏碑馆，又名裴氏祠堂，是唐代河东裴氏家族的祠堂，创建于唐贞观三年（629）。原址在村东南，后毁于战火，明嘉靖二年（1523）重建，20世纪70年代、90年代多次进行维修。

碑馆坐北朝南，长方形院落，占地面积2116.5平方米。现存祠堂一座，面阔五间，进深四椽，悬山顶。前檐四根檐柱皆为石方柱，明间两根石柱和左右次间两根石柱皆刻楹联一副，刻于清咸丰元年（1851）。祠堂内正面分别竖立有《裴鸿碑》《裴镜民碑》《裴光庭碑敕》《闻喜裴氏家谱序》《重修唐裴晋公祠堂记》《重修先晋国文忠公祠堂碑》《重修唐裴晋国文忠公祠堂及学田记》等七通碑刻，左右山墙分别竖立《平淮西碑》《重刻闻喜裴氏家谱序》二碑八石。此外，在碑馆院落内还存有近年来搜集的清康熙四十九年（1710）所立的裴氏三兄弟世德永垂碑一通。

《平淮西碑》立于清咸丰元年，青石质，一碑四石连刻。皆为竖长方形，均高2.88米，宽0.95米，厚0.27米。碑题“唐平淮西碑”。碑文共48行，行34字，楷书。碑文记载唐“中兴宰相”裴度平定淮西藩镇的事迹。唐韩愈撰文，清内阁大学士祁寯藻书丹。此碑由于与裴度、韩愈、祁寯藻相关，故又被人们称为“三绝碑”。

裴氏家族自周秦至五代，出现了多位宰相和大将军，裴柏碑馆中的碑刻记录了这些杰出人物的事迹和贡献，是研究中国古代政治、军事和文化的重要实物资料。《裴鸿碑》书法刚劲有力，是魏书的代表作；《裴光庭神道碑》由张九龄撰文，唐玄宗李隆基书写，展现了盛唐书法艺术的风范。碑刻中的内容反映了裴氏家族的家风和教育理念，如重视教育、清廉为官等，这些家训和家风至今对后人有着积极的教育意义。

裴柏碑馆内景

裴柏碑馆《平淮西碑》

玉壁城遗址

位置　运城市稷山县太阳乡白家庄村北

时代　北朝

类型　古文化遗址

2013年，被国务院公布为第七批全国重点文物保护单位。

玉壁城遗址东、西、北三面皆为深沟巨壑，地势突兀，险峻天成。据清《平阳府志》记载，玉壁城始建于西魏大统四年（538）。该遗址东西长1850米，南北宽1430米，整体略呈“凹”字形，面积264.6万平方米。

遗址内现存南城墙残段、万人坑、烽火台和地道。南城墙长约300米，宽3—8米，高2—8米，墙体夯筑，夯土层厚0.09—0.13米。万人坑位于遗址西北部断崖处，直径约3米，深约8米，白骨森列，为西魏大统十二年（546）东魏丞相高欢发动玉壁大战时攻城将士的尸骨，印证了“死者七万人，聚为一冢”的历史记载。烽火台位于遗址北部和西部，仅存台基。西北部断崖底部存地道一条，内部走向不详。

玉壁城战略位置突出，地形险要，为历代兵家必争之地，是东魏和西魏扩展势力，向对方进发的咽喉要道。玉壁大战对研究北朝史、兵法和古代战争史具有重要意义。

玉壁城遗址万人坑

玉壁城遗址南城墙残段

马村砖雕墓

位置 运城市稷山县稷峰镇马村

时代 宋代、金代

类型 古墓葬

2001 年，被国务院公布为第五批全国重点文物保护单位。

马村砖雕墓总面积约 1.6 万平方米，有多座宋金时期砖雕墓。

马村金墓以砖雕的形式表现了墓主人生前居室的布局样式，一般多为前厅后堂、左右配置厢房的四合院结构，并以写实的手法再现了当时的建筑风格，为宋金时期建筑史的研究提供了翔实的实物资料。该墓地出土的戏曲乐舞砖雕，生动再现了当时的戏楼结构和戏剧表演的舞台形式，是迄今所发现的最为重要的戏剧表演实物资料。同时，该墓地发现的二十四孝立体雕塑，造型生动，体态优美，也是不可多得的艺术珍品。

马村砖雕墓时代明确，砖雕精美丰富，对研究宋金时期的建筑、戏剧、社会风俗、伦理道德和宗教信仰等都有重要价值。

马村砖雕墓 1 号墓室南壁砖雕（戏曲人物图）

马村砖雕墓 2 号墓室北壁砖雕（夫妻宴饮图）

马村砖雕墓金天德二年（1150）M4 墓室北壁砖雕

北阳城砖塔

位置：运城市稷山县清河镇阳城村

时代：宋代

类型：古建筑

2013年，被国务院公布为第七批全国重点文物保护单位。

据塔内所嵌石佛题记，该塔由北阳城村（现阳城村）村民解武为其母奉佛建造，建于北宋宝元二年（1039）。塔坐北朝南，为一座方形八层楼阁式实心砖塔，通高约8.1米。方形砖砌塔基，现高0.25米，长宽皆1.88米，占地面积3.5平方米。塔身底部南北面辟佛龛，内设圆雕砂石坐佛一尊，头部已毁，残高0.75米，宽0.43米，座高0.26米。塔身方形，塔壁素面，一至八层叠涩出檐。民国年间，当地村民曾自发对该塔进行了局部维修，现塔身保存基本完好。

北阳城砖塔造型简洁，时代特征明显，为研究宋代砖塔和当地民间佛教活动提供了实物例证。

北阳城砖塔底部佛龛

北阳城砖塔全景

青龙寺

位置 运城市稷山县稷峰镇马村

时代 元代

类型 古建筑

2001 年，被国务院公布为第五批全国重点文物保护单位。

据历代《稷山县志》及现存碑刻记载，青龙寺创建于唐龙朔二年（662），金末遭兵燹，元至元、大德、至正年间重修，明、清两代多次修葺。寺院坐北朝南，二进院落布局，占地面积 6858 平方米。中轴线上依次建有山门（天王殿）、腰殿（韦陀殿）、大雄宝殿，两侧建配殿和耳殿。寺内现存腰殿、大雄宝殿、耳殿为元代遗构，余皆明代重建。腰殿、大雄宝殿内保存有元代佛、道、儒三教水陆壁画 186.08 平方米。寺内存唐代创建寺院碑一通，现存于运城市文物中心库，另存明、清寺庙重修记事碑两通，石碣三方。

据梁架题记可知，腰殿重建于元至元二十六年（1289）。砖石台基，面阔三间，进深四椽，单檐悬山顶。殿内梁架结构为三椽栿对前劄牵通檐用三柱，前后檐下施斗栱，柱头、补间各一朵，前檐斗栱四铺作单杪，后檐斗栱五铺作双下昂，皆蚂蚱形耍头，当心间辟板门，素面覆盆柱础。殿内四壁、扇面墙前后、栱眼壁内共存有元代壁画 125.19 平方米。

青龙寺是目前山西地区元代寺观壁画保留面积较大、保存较好的寺院之一，为研究我国元代寺观壁画的继承、发展和演进提供了实物资料。

青龙寺天王殿正立面

青龙寺《唐僧取经图》壁画

青龙寺大雄宝殿斗栱

稷山稷王庙

2006年，被国务院公布为第六批全国重点文物保护单位。

稷山稷王庙，又称“后稷祠”。据康熙四十七年（1708）版《平阳府志》和现存碑文载，稷王庙创建于元至正五年（1345），清道光二十三年（1843）、光绪十七年（1891）均有增建和修葺。稷王庙坐北朝南，二进院落布局，占地面积约1万平方米。中轴线上建有山门、献殿、后稷楼、泮池、过亭、姜嫄殿，两侧建有钟鼓楼和东西朵殿。现存过亭、姜嫄殿及东西朵殿主体结构为元代建筑，其余皆为清代建筑。庙内现存碑刻三通，石碣六方，石狮两对，古树三棵。

据康熙四十七年版《平阳府志》载，姜嫄殿建于元至正五年。殿面阔三间，进深四椽，单檐悬山顶，正脊饰琉璃脊兽。殿内梁架结构为四椽栿通达前后檐柱，柱头施四铺作单杪斗栱。前檐当心间出歇山顶抱厦一间，山花朝前。姜嫄殿两侧建有朵殿，面阔三间，进深三椽，单檐悬山顶。

稷王庙是专为祭祀农耕始祖后稷而建，集建筑、石雕、木刻、琉璃为一体，建筑布局完整，遗存时代清晰，长久以来一直是民间农神崇拜和传统信仰的物质载体，诠释了稷山县作为中华民族文明发祥地之一的历史史实。

位置 运城市稷山县县城西大街

时代 元代至清代

类型 古建筑

稷山稷王庙姜嫄殿正立面

稷山稷王庙山门正立面

稷山稷王庙鸟瞰

南阳法王庙

位置 运城市稷山县稷峰镇南阳村

时代 元代至清代

类型 古建筑

2013年，被国务院公布为第七批全国重点文物保护单位。

南阳法王庙创建年代不详，据庙内梁架题记及碑文记载，明、清均有修葺或增建，明成化七年（1471）增建舞亭一座。法王庙坐西朝东，现存建筑沿中轴线依次为山门、舞亭、正殿，南北两侧分别建有后土殿、十帅殿、九曜殿、七星殿和南北配殿。

山门创建于明弘治十五年（1502），清同治九年（1870）重修。面阔三间10.8米，进深两椽5.8米，单檐硬山顶，屋面绿琉璃剪边。南次间后墙内壁绘有白虎图，面积约5平方米。

正殿为法王殿，从梁架结构、用材、侧脚、生起尺度以及屋面构造特征等方面分析，应为元代遗构，明清两代多次维修。正殿面阔三间11.4米，进深四椽12.93米，单檐悬山顶，布瓦屋面，黄绿琉璃剪边。梁架为四椽栿通檐用三柱，前带插

南阳法王庙全景

廊，面阔五间 18.48 米，廊深 3.46 米，单檐悬山顶，布瓦屋面。前檐柱头施四铺作单下昂计心造斗栱。后檐柱头施四铺作单下昂偷心造斗栱。金柱头施四铺作偷心造斗栱。金柱补间铺作为三朵联体，栌斗中间圆形，两侧方形，栱枋共用，廊柱头为斗口跳。殿内金柱间存明弘治十五年木雕神龛一座。前檐当心间辟板门，次间为直棂窗。

据庙内现存《法王庙创建舞庭记》载，法王庙乐楼创建于明成化七年。乐楼倒座，台基高 0.96 米，面阔三间，进深五椽，重檐十字歇山顶，屋顶饰琉璃脊兽。楼内梁架为亭式建筑构架，抹角梁上承隔架科与井口枋相接，上承老角梁、井口枋和脊檩。

该庙布局较完整，具有较高的历史价值。年代、规格、形态各异的单体建筑通过合理的平面布局完美组合，既保持了个体的独特性又浑然一体，详尽的修缮记录和建筑本身携带的大量历史信息真实地反映了晋南地区元、明、清三代建筑构造手法、材料运用、施工工艺的演变发展过程。

法王庙乐楼为稷山县现存唯一的元代戏台，整体构筑华美而不失精巧，既满足空间开敞的功能要求又巧妙地利用建筑力学原理，将美与力完美地融合，成为研究我国建筑史和戏剧史及民族审美情趣不可多得的例证。

南阳法王庙乐楼

稷山大佛

位置：运城市稷山县县城大佛路北端东南隅

时代：金代至元代

类型：其他

2013年，被国务院公布为第七批全国重点文物保护单位。

大佛寺创建于金皇统二年（1142），元大德十一年（1307）、至正十四年（1354），清康熙二十年（1681）、咸丰九年（1859），1916年均有修葺。2004年，大佛寺被焚，仅存土雕彩塑大佛一尊，寺院建筑均为新建。

据寺内现存碑文载，大佛塑于金皇统二年，元至正十四年重绘。佛像依土崖而作，下部为土雕，上身为泥塑。通高16.68米，宽6.8米，大佛端坐施说法印，双腿着地，面相端庄而肃穆，两耳垂肩，身披袈裟，螺髻高耸，额中有白毫印，具有典型的金代佛教造像特征，如此巨大的土雕大佛在全国甚为罕见。

稷山大佛是研究金、元时期雕塑艺术、佛教造像、佛教文化传播及宗教信仰的珍贵的实物资料，具有较高的文物价值。土雕大佛依崖而建，气势宏伟，神态生动，古人在没有现代精密仪器的指导下完成如此佳作，令今人叹为观止。其适当的比例，丰满的体态，慈祥而威严的面目，流动的衣褶，宁静洒脱的风韵，使佛更趋于人性化；地藏菩萨以及十殿阎君等塑像，造型生动，形态各异，被古代的雕塑艺术家刻画得惟妙惟肖，具有很高的艺术水准和审美情趣，为研究我国古代雕塑艺术史提供了不可多得的实物资料，同时也是外来宗教与中国本土文化相融合的例证。

稷山大佛正立面

稷山大佛局部

稷山大佛寺天王殿及钟鼓楼

平陇城址

位置　运城市稷山县稷峰镇南阳村

时代　北魏、北齐

类型　古文化遗址

2021 年，被山西省人民政府公布为第六批省级文物保护单位。

平陇城址平面呈“凸”字形，东西长 320 米，南北宽 215 米，分布面积 6.88 万平方米，包含北魏、北齐等时期的文化遗存。城墙残高约 12 米。墙体夯筑，夯层厚 0.23 米。东墙中部设一砖券门洞，高 3 米，宽 2.3 米，深 8.8 米。砖券门洞为整个城址唯一的出入口。

平陇城址地理位置十分重要，地形险要，为兵家必争之地。该城址对研究我国古代政治史、战争史、民族史、军事史、经济史、筑城史等有着极为重要的意义。

平陇城址入口

平陇城址全景

李老庄玉帝庙

位置：运城市稷山县西社镇李老庄村

时代：元代、清代

类型：古建筑

2016年，被山西省人民政府公布为第五批省级文物保护单位。

据庙内现存碑记载，赵国大将李牧曾在此驻兵防守。公元前233年，李牧率军攻秦大胜，因有功被封武安王，后人为纪念李牧将军，特建李牧庙奉祀。据正殿门枕石题记，创建于元泰定二年（1325），清乾隆二十五年（1760）、嘉庆十六年（1811）、光绪二十年（1894）均有修葺。坐北朝南，占地面积1150平方米。原布局已毁，中轴线上现存献殿、正殿及东垂花门。

正殿为元代建筑，面阔六间，进深四椽，单檐悬山顶。筒瓦屋面，灰陶脊饰。殿内梁架为四椽栿通达前后檐用二柱，前后檐柱头斗栱四铺作单下昂，明间斗栱出45度斜昂。殿内后檐墙存有屏风壁画约6平方米，画面底部被毁。庙内原塑李牧像不存，仅存塑像的背光彩画。

献殿主体结构为清代建筑，面阔三间，进深二椽，单檐卷棚硬山顶。灰陶筒瓦屋面，灰陶脊饰。两山墙分别绘制青龙、白虎各一幅，画面不完整，有残缺。

庙内现存清代重修记事碑一通，石碣四方。该庙建筑形制特殊，为研究晋南地区元代建筑提供了重要的实物资料。

李老庄玉帝庙正殿内壁画

李老庄玉帝庙鸟瞰

太杜后稷庙

位置 运城市稷山县稷峰镇太杜村

时代 元代、清代

类型 古建筑

2021年，被山西省人民政府公布为第六批省级文物保护单位。

太杜后稷庙创建年代不详。2015年整体修缮。现存正殿为元代遗构，其余皆为清代建筑。坐北朝南，原为二进院落布局，占地面积2119平方米。中轴线上建有正殿，两侧仅存东朵殿、“代天行化”牌楼，牌楼外存石狮一对。

正殿面阔五间，进深四椽，单檐悬山顶，四椽栿通檐用二柱，檐下五铺作双下昂，出耍头，前檐明间设板门，次间设直棂窗。

东朵殿面阔三间，进深三椽，单檐硬山顶，三架梁对前单步梁通檐用三柱。东次间脊檩下有清雍正三年（1725）修缮题记。廊部明间设隔扇门，次间设隔扇窗。

“代天行化”牌楼坐东朝西，为后稷庙西侧门，四柱三楼式，次楼平面为八字形，前后均立柱，单檐庑殿顶，绿琉璃剪边。明楼走马板有“清咸丰三年创建”题记，石狮与牌楼同期。

后稷庙作为祭祀后稷的有形载体，为我们研究其所跨年代的社会、经济、文化等提供了大量真实、可靠的历史信息。仅存的三座单体建筑，年代、规格、形态各异，间接地证明了后稷庙悠久的历史，其所携带的大量历史信息真实地反映了晋南地区元、清两代建筑构造手法、材料运用、施工工艺的演变发展过程。

太杜后稷庙正殿

太杜后稷庙“代天行化”牌楼

范家庄关帝庙

位置　运城市稷山县西社镇范家庄村

时代　明代至清代

类型　古建筑

2021年，被山西省人民政府公布为第六批省级文物保护单位。

据庙内正殿檐柱题记及碑文记载，明弘治十八年（1505）创建，清康熙三十二年（1693）、乾隆十九年（1754）、道光十二年（1832）、道光十六年（1836）均有修葺。2016年整体修缮，并修整了院落，复原了院门及围墙。现存献厅为明代遗构，其余皆为清代建筑。庙坐北朝南，一进院落布局，占地面积522平方米。沿中轴线由南至北依次建有献厅、正殿，两侧为东岳祠、牛王马王殿。

正殿面阔三间，进深三椽，前檐为单檐歇山顶，后檐为单檐硬山顶，三架梁对前单步梁，通檐用三柱，檐下三踩单下昂，出龙形耍头。前檐设隔扇门，明间金柱及前檐柱均为抹棱方形石柱，柱身刻有楹联，柱础造型各异，前檐明间柱间有镂空雕二龙戏珠雀替，次间有镂空雕吉祥牡丹花卉雀替。

献厅面阔一间，进深四椽，单檐十字歇山顶，檐部斗栱后尾承托抹角梁，抹角梁承托老角梁及三架梁，顶部为八卦形藻井，檐下斗栱五踩双翘，出耍头，两根前檐柱为盘龙石柱，其下为须弥座高脚柱础，其他四根柱四面均雕有楹联。前檐石质

范家庄关帝庙献厅

额枋上雕有精美图案。庙内现存清代碑四通，古井两眼，石狮两尊。

范家庄关帝庙所存古建筑反映了明清时期建筑构造手法、材料运用、施工工艺的演变发展过程。

范家庄关帝庙献厅、正殿

范家庄关帝庙鸟瞰

吴壁后土庙

位置 运城市稷山县清河镇吴壁村

时代 明代至清代

类型 古建筑

2021年，被山西省人民政府公布为第六批省级文物保护单位。

吴壁后土庙，又称“后土圣母庙”，俗称“娘娘庙”，创建年代不详。据庙内碑文记载，明景泰六年（1455），嘉靖十一年（1532）、十九年（1540）、二十五年（1546）均有修葺，2016年修复围墙。现存献殿、正殿为明代遗构，其余皆为清代建筑。庙坐北朝南，建于高2.5米的土台之上，二进院落布局，占地面积2138平方米。沿中轴线由南至北依次建有山门（仅存遗址）、戏台、献殿、正殿，两侧为东、西耳房及西配房。庙内现存明代碑一通。

献殿面阔五间，进深两椽，单檐硬山顶，三架梁通檐用二柱。

正殿面阔三间，进深三椽，单檐硬山顶，三架梁对前单步梁通檐用三柱，檐下斗栱三踩单下昂，出耍头。前檐明间设板门，次间设隔扇窗。

现存建筑布局完整，院落开敞，结构严谨，各单体建筑功能明确，疏朗有致。后土庙的建筑原汁原味地保存了明清建筑风格，而且主要建筑物保存较好，为我们欣赏特定历史时期的建筑艺术提供了实证，有比较高的艺术价值。

吴壁后土庙正殿、献殿

吴壁后土庙戏台

吴壁后土庙全景

冯古庄墓地

位置 运城市新绛县三泉镇冯古庄村

时代 西周

类型 古墓葬

2013年，被国务院公布为第七批全国重点文物保护单位。

据调查，冯古庄墓地面积14万平方米，墓葬时代以西周中晚期为主。2007年10月，经运城市文物工作站踏勘，曾在此处发现墓葬4座，墓口为4.5米×5.5米，或5米×6米，征缴的文物有青铜带盖圆鼎、爵、灰陶罐等。2009年，在长约700米、宽9米的范围内，发现竖穴土坑墓葬80座，车马坑4座，发掘了墓葬15座。墓葬方向多为北向，均为竖穴土坑，墓口一般长2米，宽1—2米，最深约7米。葬具除一座为两棺一椁外，均为一棺，葬式为仰身直肢，个别有腰坑，随葬陶鬲、陶罐、铜鼎、铜盘、车马器、铜戈、铜镞、铜鱼、蚌鱼、玉饰件、玉璧、玉璜等器物，出土文物丰富、精美。

冯古庄墓地是新发现的一座西周封国墓地，其葬俗反映出与以曲沃县曲村—天马墓地和洪洞县永凝堡墓地为代表的晋文化具有比较相似的特征。从墓地有西周车马坑的情况推断，该墓地级别较高，应属西周诸侯封国的墓地，对于研究西周时期晋南诸国的地域分布、丧葬习俗和埋葬制度具有十分重要的意义。

冯古庄墓地现状

冯古庄墓地出土的青铜鼎

冯古庄墓地 M2 墓室

白台寺

位置：运城市新绛县泉掌镇光马村

时代：金代至清代

类型：古建筑

2006年，被国务院公布为第六批全国重点文物保护单位。

传说，白台寺因释迦牟尼佛座莲台为白色而得名，又名“普化寺”。创建年代不详，唐开元十四年（726）、金大定与明昌年间、元至正十五年（1355）、明正德六年（1511）均有重修，清代进行扩建。现存建筑有金、元、清遗构。白台寺坐北朝南，二进院落布局，中轴线上由南至北依次建有三滴法藏阁、释迦殿和后大殿，两侧建有东山门及西厢房。三滴法藏阁与后大殿为元代遗构，释迦殿为金代遗存，东山门及西厢房为清代建筑。

三滴法藏阁高二层，面阔三间，进深四椽，三重檐悬山顶，为元代建筑。殿内供奉药师佛。

释迦殿位于中轴线上法藏阁与后大殿之间，故又称中殿。坐北朝南，面阔三间，进深六椽，单檐歇山顶，为金代建筑。殿内供奉释迦牟尼佛，旁立阿难、迦叶二弟子与文殊、普贤二菩萨，二弟子像现已不存；左右两侧各塑有三尊罗汉，罗汉头部皆为后世补塑。

后大殿坐北朝南，面阔五间，进深四椽，单檐悬山顶。殿内供奉阿弥陀佛，两侧为观音、大势至二菩萨像，现观音菩萨像已不存。

寺内原存有宋代经幢四幢，现存三幢，碑碣七通（方），元、明时期彩塑十余尊。

白台寺三座主体建筑为金、元遗构，建筑布局、形制特色鲜明，文物遗存丰富，为研究我国早期寺庙建筑、古代雕塑艺术等提供了珍贵的实物资料。

白台寺外景

白台寺内景

白台寺航拍图

白台寺内塑像

绛州大堂

1996年，绛州大堂被国务院公布为第四批全国重点文物保护单位；2001年，绛州三楼被国务院公布为第五批全国重点文物保护单位，并与绛州大堂合并，归入绛州大堂。

绛州大堂创建年代不详，宋、元及明洪武九年（1376），清乾隆十八年（1753）、光绪四年（1878）均多次维修。现主体建筑为元代遗构。据传唐代名将张士贵挂帅于此，遂称“帅正堂”，后为绛州署衙正堂。坐北朝南，中轴线上保存有大堂、二堂、三堂。大堂面阔七间，进深八椽，单檐悬山顶，梁架为六椽栿对后乳栿通檐用四柱，堂内采用减柱造手法，内柱纵向施大内额与由额，与横向梁架承重，元代特征明显。大堂后墙内壁东侧存《宋真宗御制文臣七条》石碣一方。

绛州大堂外景

位置 运城市新绛县县城居园池社区

时代 元代至明代

类型 古建筑

绛州鼓楼创建于元至正年间，明万历二十八年（1600）、崇祯五年（1632），清康熙四年（1665）、乾隆二十七年（1762）屡次重修。现存主体建筑为明代遗构。坐西朝东，砖石台基，门楣前后置匾额，东曰“涵远”，西曰“振昕”。楼身三层，面阔五间，进深四椽，三重檐歇山顶。周有回廊，东门两侧嵌重修石碣两方。

绛州钟楼，据《新绛县志》记载，创建于宋乾德元年（963），元至元十三年（1276），明弘治元年（1488）、万历三十八年（1610）及清代均有修葺。现存梁架为明代遗构。坐北朝南，楼体边长 9.45 米，方形基座高 1.74 米。楼身砖砌，四向辟砖券拱门，十字歇山顶，琉璃脊饰。楼内悬金天德二年（1150）铁钟一口。

绛州乐楼创建年代不详，现为明代遗构，1914 年有维修。坐南朝北，面阔五间，进深四间，重檐式屋顶。下层为四坡顶，上层前檐歇山、后檐悬山顶，前出抱厦，二层梁架为三架梁通檐用二柱，檐下施三踩单翘斗栱。戏台前面对七星坡，坡南低北高，利于观赏演出。

绛州大堂和绛州三楼规模宏大，保存完整，时代特征突出，对于研究元明时期古建筑提供了难得的宝贵资料。

绛州鼓楼

绛州钟楼

绛州乐楼

福胜寺

位置　运城市新绛县泽掌镇光村

时代　元代至明代

类型　古建筑

2001 年，被国务院公布为第五批全国重点文物保护单位。

福胜寺创建于唐贞观年间，明弘治十一年（1498）大修，后历代屡经修葺。现存主体建筑弥陀殿、后大殿下部窑洞为元代遗构，余皆明清所建。坐北朝南，两进院落布局，中轴线上由南向北依次建有山门、二门、牌坊、弥陀殿、后大殿，东西两侧有钟楼、鼓楼、配殿（阎王殿、三霄娘娘殿）、廊房、廉颇殿、蔺相如殿。

弥陀殿坐北朝南，整体建于高 1.85 米的砖石台基上，面阔五间，进深六椽，重檐歇山顶，殿内梁架为四椽栿对后乳栿通檐用三柱。柱头斗栱五铺作双下昂，前檐当心间辟隔扇门，次、梢间设直棂窗，后檐装板门，素面覆盆式柱础。殿内彩塑 23 尊，扇面墙后悬塑 20 平方米。特别是这组元代悬塑善财童子拜观音尤为精彩，采用高浮雕手法，突出远小近大的海浪纹图案，增强了三维空间感。这种塑造手法在古代雕塑艺术中较少见，这

福胜寺航拍图

组悬塑珍品已被收入《中国美术全集》中，颇受国内美术界专家学者赞誉。

后大殿为二层结构，面阔五间，进深二间，悬山式屋顶，上层为藏经阁，檐下无斗，内奉孔子神位。下层为三孔窟洞，称为“三佛洞”，内塑佛像三尊及六躯胁侍菩萨。

福胜寺近景

福胜寺建筑保存完整，布局合理，结构严谨，体现出明显的元明建筑风格和手法，为研究我国元明时期寺庙建筑提供了珍贵的实物资料。福胜寺彩塑、悬塑工艺精湛，是我国古代寺观彩塑中的精品。

福胜寺内景

福胜寺悬塑善财童子拜观音

乔沟头玉皇庙

位置：运城市新绛县泽掌镇乔沟头村

时代：元代至清代

类型：古建筑

2006年，被国务院公布为第六批全国重点文物保护单位。

据碑文记载，乔沟头玉皇庙创建于唐代，明嘉靖三十四年（1555）被大地震破坏，嘉靖四十一年（1562）重建，万历四十二年（1614），清顺治元年（1644）、乾隆四十四年（1779）均有修葺，现存主体建筑为元、清遗构。坐北朝南，一进院落布局，由东、中、西三条轴线组成，自南向北原中轴线上建有戏台、献殿、玉皇殿，东轴线上建有戏台、马王殿、

乔沟头玉皇庙全景

稷王殿，西轴线上建有戏台、献殿、娘娘殿。两侧有廊房。现存玉皇殿、东西戏台、马王殿、稷王殿、娘娘殿及药王殿。

玉皇殿为元代遗构，面阔三间，进深五椽，单檐悬山顶，五花山墙，殿内梁架为四椽栿对后乳栿通檐用三柱，檐下斗栱七朵，形制为四铺作单下昂，有飞椽。药王殿东西山墙内壁有清代壁画 25 平方米。娘娘殿、马王殿均系清代重修。稷王殿为清顺治元年重建。庙内存明代重修庙碣两方，清同治二年（1863）《重修玉皇殿创建稷王殿碑记》石碑一通。

乔沟头玉皇庙玉皇殿

乔沟头玉皇庙玉皇殿梁架

龙香关帝庙

位置 运城市新绛县龙兴镇龙香村

时代 元代至民国

类型 古建筑

2006年，被国务院公布为第六批全国重点文物保护单位。

龙香关帝庙创建年代不详，清道光十一年（1831）扩建，坐北朝南，中轴线上由南向北依次建有戏台、献殿、正殿。

戏台面阔三间，进深三椽，单檐硬山顶，台基高1.16米，两侧为通体砖砌山墙。前檐台口施两根长方形青石平柱，其上刻有楹联。梁脊板题记为“清道光十一年三月十二日合村人创建”。

献殿面阔三间，进深二椽，单檐硬山顶，无斗栱装饰，结构简洁，为1948年建造。

正殿为庙内的主体建筑，面阔三间，进深四椽，单檐悬山顶，四椽栿通檐用三柱。梁架、斗栱、柱头形制及柱网分布的元代手法明显。正殿两内柱之上各彩塑盘龙一条。正殿内供奉关羽、侍从及文臣武将彩塑七尊。关羽头戴冕旒冠，身着沥粉贴金帝王衮袍，双手持笏板坐在须弥座之上，两侧各站一侍从，一侍从持印盒，另一侍从持薰香盒。关帝座前侧各站一老者随从与中年文臣，老者是王累，文臣是赵甫；王累外侧为关平，赵甫外侧为周仓。关平头挽巾帻，张口作叱咤状，右腿直立，左腿外撇；周仓手持大刀站立，双目圆睁，牙齿紧咬，右腿外撇，身着铠甲，威风凛凛。

龙香关帝庙布局紧凑，外观装饰淳朴，殿内彩塑技艺高超，为研究传统彩塑技艺提供了重要的实物参考。

龙香关帝庙正殿彩塑

龙香关帝庙献殿

龙香关帝庙鸟瞰

新绛龙兴寺

位置 运城市新绛县县城

时代 元代至清代

类型 古建筑

2006年，被国务院公布为第六批全国重点文物保护单位。

新绛龙兴寺始建于唐，原名“碧落观”，唐高宗咸亨元年（670）改称“龙兴寺”。宋时，太祖赵匡胤寓居于此，改寺为宫，后僧人占据，恢复“龙兴寺”之名。坐北朝南，原中轴线上由南向北依次建有山门、碧落碑亭、韦陀楼、大雄宝殿及龙兴塔，东西配有关公、娘娘殿，垂花门及西厢房。现仅存大雄宝殿和龙兴塔，分别为元、清遗构，东西廊房及山门系新建。

大雄宝殿面阔五间，进深四椽，单檐悬山顶，斗栱五铺作双下昂，为元代遗构。殿内设神坛，塑有释迦牟尼、毗卢遮那和卢舍那三身佛及胁侍菩萨，当心间上方有一组悬塑。

龙兴塔坐北朝南，紧邻大殿之后，唐建，原高8层，清乾隆四十二年（1777）予以重修，且增至13层，高42.4米。平面呈八角形，每边边长4.3米，为楼阁式砖塔。

寺内存唐《碧落碑》及明清碑刻9通、石狮6尊。

龙兴寺大殿在结构、形制、建造工艺等方面反映出当地建筑设计与营造的传统做法，为研究晋南地区的元代建筑提供了宝贵的实物例证。唐代碑刻《碧落碑》是我国书法史上的珍品，艺术价值极高。

新绛龙兴寺碧落碑亭

新绛龙兴寺近景

新绛龙兴寺大雄宝殿彩塑

三官庙

位置　运城市新绛县县城

时代　元代

类型　古建筑

2006年，被国务院公布为第六批全国重点文物保护单位。

三官庙，俗称“葫芦庙”，创建年代不详，元至正元年（1341），清乾隆四十二年（1777）、咸丰九年（1859）、同治十三年（1874）及1924年、1934年均有重修，占地面积125.67平方米。现存献殿、正殿为元代遗构。

献殿面阔一间，进深四椽，单檐十字歇山顶。施双层内转斗栱，下层周施斗栱十六朵，上层周施七朵，均为四铺作形制，上层前檐出45度斜昂。

正殿面阔三间，进深四椽，单檐悬山顶。殿内设神坛，上存三官等彩塑14尊，依据元始天尊胸轴木柱上题记“大元国至正元年……”判断，应为元代遗存。

庙内保存有清咸丰九年、同治十三年维修碑及“三官像碑”三通，乾隆二十二年（1757）石碣一方。

三官庙现存正殿与献殿，代表了元代新绛县道教建筑设计与营造技术的水平，是研究元代道教建筑的重要实例。正殿内现存的元代彩塑，造型优美，比例协调，设色古朴，姿态端庄，衣纹潇洒流畅，是运城地区元代彩塑的精品。

三官庙正殿彩塑

三官庙外景

三官庙正殿斗栱

新绛寿圣寺大殿

 位置：运城市新绛县泽掌镇北苏村

 时代：元代

  类型：古建筑

2019年，被国务院公布为第八批全国重点文物保护单位。

新绛寿圣寺大殿创建于北宋建隆二年（961），明万历四十一年（1613）、清康熙四十二年（1703）均有维修。坐北朝南，占地面积249.6平方米。

现仅存大殿一座，为元代遗构，面阔五间，进深六椽，单檐悬山顶，五花山墙，灰筒瓦覆顶。殿内梁架为四椽栿对后乳栿前后用三柱，金柱大量减去，纵向施大内额。柱头铺作七朵，补间铺作五朵，形制均为四铺作单杪，出蚂蚱形耍头。大木作上彩绘蛟龙图，檐下有飞椽。

新绛寿圣寺大殿梁架结构设计手法大胆，结构合理，为研究晋南地区古建筑的形制特点和发展演变规律提供了重要的实物资料。

新绛寿圣寺大殿全景

新绛寿圣寺大殿近景

新绛寿圣寺大殿梁架

稷益庙

位置 运城市新绛县阳王镇阳王村

时代 明代

类型 古建筑

2001年，被国务院公布为第五批全国重点文物保护单位。

稷益庙创建年代不详，据碑刻记载，元至元年间重修，明弘治年间、正德年间均有扩建和重修。现存主体建筑为明代遗构。坐北朝南，一进院落布局，现仅存戏台、献殿基址及正殿。

正殿为明弘治十五年（1502）重建，面阔五间，进深六椽，单檐悬山顶，梁架为七架梁通达前后檐用三柱，梁架局部尚存元代规制。殿内东、西、南三壁上留有153.91平方米壁画，为“朝圣图”，画面内容依据中国古代神话和历史传说，描绘了三皇、大禹、后稷、伯益等先祖征服自然、造福人民，受百官朝拜、万民敬仰及各方神祇朝贺的情景。南壁梢间上方有明正德二年（1507）画师题记。

戏台为明代建筑，面阔五间，进深四椽，单檐悬山顶，梁架为五架梁前后用三柱。

稷益庙壁画内容丰富，技艺精纯，是我国明代寺观壁画中的上乘之作。

稷益庙大殿

稷益庙大殿壁画

稷益庙大殿梁架

稷益庙航拍图

绛州文庙

位置 运城市新绛县龙兴镇文庙社区

时代 明代至清代

类型 古建筑

2013 年，被国务院公布为第七批全国重点文物保护单位。

据庙内碑记记载，绛州文庙于宋咸平二年（999），元至元三年（1337）、至正二年（1342），明洪武十年（1377）、正统十四年（1449）、成化十三年（1477）、正德十六年（1521）均有修葺。坐北朝南，中轴线上由南至北依次有影壁、泮池、棂星门、大成殿。

泮池呈半月状，深 3 米余，四周以栏板围护，半月状栏板中央雕有仙鹤及牡丹花叶图案。

棂星门为四柱三门式，平板枋上设斗栱，形制精巧秀丽，为明正德十六年由知州李文洁易木为石改建而成。

大成殿面阔七间，进深六间，副阶周匝，重檐歇山顶，琉璃瓦饰。檐下施七彩单翘双下昂斗栱。脊枋上有明正德十三年（1518）重修题记。

庙内存宋天圣、清雍正碑四通。

绛州文庙为研究古代州级文庙的建制规模和形制特点，提供了珍贵的实物资料和可靠依据。

绛州文庙泮池

绛州文庙棂星门

绛州文庙大成殿

北池稷王庙

位置：运城市新绛县阳王镇北池村

时代：明代至清代

类型：古建筑

2013年，被国务院公布为第七批全国重点文物保护单位。

北池稷王庙创建年代不详，据庙内梁脊板题记及现存碑刻载，明弘治十六年（1503）、万历十八年（1590），清康熙四十二年（1703）、道光十年（1830）、光绪二十四年（1898）均予以重修、扩建。现存建筑为明清遗构。坐北朝南，一进院落布局，原中轴线上建有戏台、正殿，两侧有东西耳殿、配殿、钟楼、土地庙及门楼，现除钟楼损毁外，其余均保存较完整。

戏台为明代遗构，面阔三间，进深四椽，单檐悬山顶，五檩前后廊式构架，大木作上有彩绘，明间采用移柱造手法，次间檐柱柱头有卷杀。后檐墙外墙壁嵌9平方米砖雕影壁一面，上雕力士、瑞兽及花卉图案。

正殿为稷王殿，面阔三间，进深五椽，单檐悬山顶，六檩前廊式构架。梁脊板题为明弘治十六年建造。

稷王庙建筑宏伟，布局完整，造型古朴，装饰华丽，为研究明清时期庙宇建制提供了实物资料。

北池稷王庙戏台

北池稷王庙正殿

北池稷王庙内院

北池稷王庙鸟瞰

泉掌关帝庙

位置：运城市新绛县古交镇泉掌村

时代：明代

类型：古建筑

2013年，被国务院公布为第七批全国重点文物保护单位。

泉掌关帝庙创建年代不详。据殿内梁脊板题记及石刻记载，明弘治八年（1495）、弘治十年（1497）、嘉靖二十六年（1547），清雍正八年（1730）、雍正九年（1731）、乾隆五年（1740）均有修葺。现仅存大殿。

大殿坐北朝南，占地面积411.6平方米，面阔五间，进深七椽，重檐歇山顶，四周围廊。檐下有20根石雕柱，其中11根为浮雕蟠龙柱，9根为浅平雕龙柱。檐柱柱头皆有覆盆式卷杀，普拍枋上施五铺作双下昂蚂蚱形要头斗栱。

泉掌关帝庙石雕题材丰富，技艺高超，明清时代特征突出，为研究明清时期石雕艺术提供了重要的实物参考，尤其是明代浮雕蟠龙柱龙爪抓不孝男女头、肢，为研究传统民间信仰提供了实物资料。

泉掌关帝庙浮雕蟠龙柱

泉掌关帝庙大殿

光村遗址

位置 运城市新绛县泽掌镇光村

时代 新石器时代

类型 古文化遗址

1965年，被山西省人民委员会公布为第一批省级文物保护单位。

光村遗址南北长约1000米，东西宽约500米，分布面积约48万平方米，时代主要为新石器时代的仰韶中期。

光村遗址为20世纪50年代文物普查时发现，1994年进行了复查。遗址地形北高南低，高差不大，为较宽阔的阶状地形，因长期雨水冲积，形成多条南北向的大冲沟。在冲沟断壁所见的文化层堆积最厚者达2.5米，并有众多的灰坑及白灰面、烧土硬面房址和陶窑等，陶片随处可见。遗址除南部因村民取土稍有破坏外，余皆保存良好。

光村遗址远景

光村遗址采集的陶片

西尉遗址

位置 运城市新绛县横桥镇西尉村

时代 新石器时代

类型 古文化遗址

1965年，被山西省人民委员会公布为第一批省级文物保护单位。

西尉遗址面积约40万平方米，遗存时代主要为新石器时代的仰韶晚期。

该遗址文化层厚约1米。断崖上暴露遗迹有灰坑等。采集有泥质红陶、泥质灰陶和夹砂灰陶片，纹饰有绳纹、篮纹和粉白彩圆点三角纹，器形有带流罐、平沿盆、碗、小口尖底瓶和豆等。另采集有石斧、犁和锄等。文化内涵属于仰韶晚期西王村类型范畴。

西尉遗址现状

马庄遗址

位置：运城市新绛县万安镇马庄村

时代：新石器时代

类型：古文化遗址

1996年，被山西省人民政府公布为第三批省级文物保护单位。

马庄遗址分布面积约32万平方米，时代主要为新石器时代的仰韶中期。

遗址范围内文化层厚1—1.5米。断崖上暴露遗迹有灰坑、陶窑等。采集有泥质红陶和泥质灰陶片，纹饰有弦纹、线纹、黑彩圆点纹和弧线三角纹，器形有敛口钵、卷沿盆、碗、罐、小口尖底瓶和釜等。文化内涵属于仰韶中期庙底沟文化遗存。

马庄遗址断崖暴露灰坑

绛守居园池

位置 运城市新绛县县城

时代 隋代

类型 古建筑

1965年，被山西省人民委员会公布为第一批省级文物保护单位。

绛守居园池，俗称“花园”，又称“莲花池”。原为州府衙门的后花园。据史料记载，创建于隋开皇十六年（596），明正德十六年（1521）、清乾隆十八年（1753）几经扩建、重修。花园以子午梁为分界，分为东西两部分。坐北朝南，占地面积14235.53平方米。子午梁南端建有香亭，北端为嘉禾楼。东半部分原建有宴节楼、望月台、苍塘、六角门洞影壁、梁公祠，西半部分有半亭、虎豹门、洄涟亭、洄涟池。现宴节楼、半亭、虎豹门已毁，香亭、梁公祠为重建。

嘉禾楼，俗称“大仙楼”，面阔五间，进深二椽，两层单檐卷棚悬山顶。洄涟亭面阔三间，进深四椽，单檐歇山顶，周有回廊。六角门洞影壁东北—西南向，东西长12.45米，厚0.5米，门上方有篆体石匾额一块，字形奇古，艺术价值极高。

园内存宋致和三年（1113）《题绛守居园池呈太守薛君比部记》及明代《重修嘉禾楼记事碑》等碑碣四通（方）。

绛守居园池历经隋、唐、宋、元、明、清各代官衙州牧的添建、维修，是中国北方地区最古老的园林之一，也是中国现存唯一一座隋代园林，其布局设计、建造艺术在园林史上占有独特的地位，成为研究园林史的重要资料。

绛守居园池外景

绛守居园池洄涟亭

绛守居园池内景

净梵寺大殿

位置 运城市新绛县泽掌镇泽掌村

时代 元代

类型 古建筑

2004年，被山西省人民政府公布为第四批省级文物保护单位。

净梵寺大殿创建于北宋嘉祐八年（1063），明洪武七年（1374）、成化七年（1471）、天启二年（1622），清康熙二十六（1687）、乾隆十九年（1754）均作重修。

大殿坐北朝南，占地面积263.98平方米，为元代遗构。面阔五间，进深六椽，单檐悬山顶，金柱大量减去，施大内额，元代特征显著。西侧金柱上有“成化七年二月吉”重修墨书题记。

净梵寺大殿主体建筑完整，时代特征显著，是研究元代晋南地区建筑艺术的重要实物资料。

净梵寺大殿正面

净梵寺大殿侧面

苏阳稷王庙

位置：运城市新绛县阳王镇苏阳村

时代：元代、清代

类型：古建筑

2016年，被山西省人民政府公布为第五批省级文物保护单位。

据庙内碑文记载，苏阳稷王庙创建于元代，明清重修，现存主体建筑为元代遗构。坐北朝南，一进院落布局，原南部建有戏台，东西有廊房，现已毁，仅存北部正殿及东西配殿。

正殿为后稷殿，面阔三间，进深四椽，单檐悬山顶，殿内梁架为三椽栿对后劄牵通檐用三柱。东配殿为武圣殿，面阔三间，进深三椽，单檐硬山顶。西配殿为娘娘殿，又称“慈恩宫”，面阔三间，进深三椽，单檐硬山顶，东山墙上部有山水画3平方米。殿内原均有塑像，现已毁。

苏阳稷王庙近景

苏阳稷王庙正殿

苏阳稷王庙正殿梁架

苏阳稷王庙航拍图

周家庄遗址

位置：运城市绛县横水镇周家庄村

时代：新石器时代

类型：古文化遗址

2013年，被国务院公布为第七批全国重点文物保护单位。

周家庄遗址总面积500余万平方米，兼有仰韶、庙底沟二期、龙山、二里头、二里岗、殷墟，以及周、秦、汉、宋等时期遗存，其中以龙山时期遗存最为丰富。

从陶器角度看，周家庄遗址与陶寺遗址共性较多。两者陶器器类有双鋬鬲（典型者如肥足鬲）、单把鬲、敛口斝、釜、灶、甗、折肩罐、圈足罐、深腹盆、浅腹盆、单把罐、豆、扁壶等。两者之间也存在一些差异，如陶寺遗址的夹砂小口鼓肩罐、大口缸、高领罐、敛口釜形斝在周家庄遗址少见或不见；陶寺遗址扁壶较多，周家庄遗址偏早阶段却极少见等。初步分析表明，周家庄遗址早、晚期陶器的差别，主要体现在器物形态的差异上，陶系、器类等方面区别不大，可归属为陶寺文化。经比对可知，周家庄遗址早、晚期遗存的绝对年代大致与陶寺遗址中、晚期相当。经过碳14测年，最终测定年代主要集中在公元前2200至公元前1750年，其年代下限已进入二里头文化偏早阶段。

出土器物表明，周家庄遗址龙山时期遗存的文化面貌与陶寺文化接近，修正了陶寺文化只局限于临汾盆地，而运城盆地属于三里桥文化（类型）的分布范围的认识。此外，陶寺文化较晚阶段及二里头文化早期遗存的发现，为研究晋南地区陶寺文化与二里头文化的关系提供了重要资料。

研究表明，陶寺遗址的兴盛期大致处于其中期阶段，至其晚期已呈衰落之势。陶寺遗址衰落的同时，周家庄遗址在龙山晚期阶段，遗存分布范围较大，内容丰富，已成为一处带有环壕的特大型中心聚落。若将晋南地区陶寺文化分布区视为一个整体，那么陶寺、周家庄两处特大型遗址共处晋南地区，鼎盛期先后有别，或许暗示着晋南地区最高权力中心的南移。若此推测不误，那么导致中心聚落兴衰，乃至中心变化的动因源于何方，究竟是外部势力的影响，抑或是内部因素的催生，均是今后考古研究工作中需要重点关注的问题。

周家庄遗址规模宏大，龙山时期遗存堆积丰厚，内容丰富多样。如迄今已发现多处居址和墓地，制陶等手工业遗存也散布于遗址各个区域。丰富的墓葬材料更是揭示出一定社会等级的差异，而环壕等公共工程的存在，说明遗址曾存在强大的公共权力。

周家庄遗址发掘现场

周家庄遗址半地穴式房址（西南—东北）

周家庄遗址陶窑

石铲

石铲

石铲

石刀

石镰

周家庄遗址出土的石器

横北倗国墓地

位置 运城市绛县横水镇横北村

时代 西周

类型 古墓葬

2013年，被国务院公布为第七批全国重点文物保护单位。

横北倗国墓地东西长约200米，南北宽约150米，分布面积约3万平方米。2004年至2007年，共发掘墓葬1326座，其中西周墓葬1299座，西周墓葬中含青铜容器墓葬84座，含陶容器墓葬880座，无青铜容器、陶容器墓葬164座，无随葬品墓葬171座。发现车马坑33座，车马坑仅发掘了其中一座。墓地出土各类文物共14358件（组、套）。从青铜器铭文、墓葬规模和随葬品级别看，该墓地是西周时期倗国国君、夫人及其国人的墓地。

在发掘区域内，出土了大量珍贵的历史文物，包括带有“倗伯”铭文的青铜器和先秦史籍《周礼》中记载的“荒帷”，以及大量的鼎、簋、甗、盘、盉、鬲、盆、觚等青铜礼、乐器，鬲、罐、豆、盆、簋等陶器，豆、壶、瓿等原始瓷器，还有漆器、玉石器、蚌贝器、串饰、骨器、铜车马器、铜兵器（戈、矛、镞）等。

该墓地年代明确，规模大，级别高，大型礼器众多，揭开了倗国这个史书没有记载的小封国的地理谜团，对研究西周时期晋南地区的封国，以及其与晋国之间的关系具有非常重要的价值。

该墓地出土的带有“倗伯”铭文的青铜器，为进一步确定这处墓地的性质提供了重要资料。铜鼎表面残留的两件麻织品可能用于包裹器物，为研究商周时期的麻纺织技术提供了珍贵的实物资料。对横北倗国墓地出土的人骨材料进行研究，在复原倗国国民体质状况和研究晋南地区古代人群种系等方面具有重要意义。横北倗国墓地出土的文物表明当时晋式铜器风靡华夏，器物种类繁多，造型洗练，纹饰精巧，艺术性较强。

横北倗国墓地出土器物

横北倗国墓地车马坑

横北倗国墓地荒帷出土情况

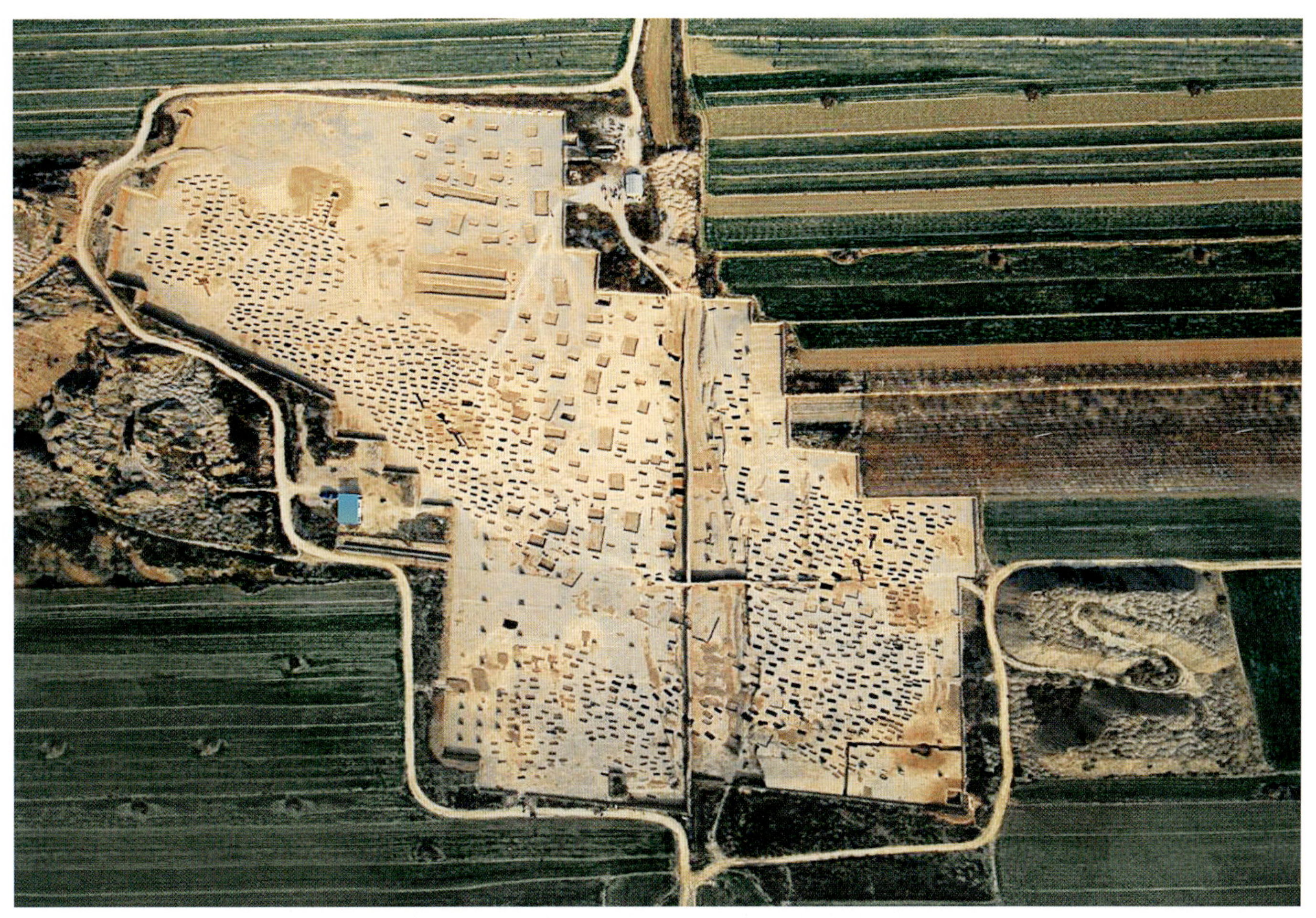

横北倗国墓地全景

太阴寺

位置 运城市绛县卫庄镇张上村

时代 金代

类型 古建筑

2001年，被国务院公布为第五批全国重点文物保护单位。

太阴寺，俗称“卧佛寺”。据碑文记载，唐永徽元年（650）对该寺进行重修和扩建，后晋、金、元及明清时期均有修缮。寺院坐南朝北，占地面积8748平方米。沿中轴线依次排列有山门、过殿、大雄宝殿、舍利塔。两侧分别排列有东配殿、西配殿、东耳殿、西耳殿、斋堂和僧舍。现仅存过殿和大雄宝殿。过殿台基为宋金时期遗存，木构建筑在1916年失火烧毁，现存建筑是从附近范村整体搬迁来的一座家庙。

大雄宝殿为金代遗构，面阔五间，进深六椽，单檐悬山顶，梁架结构为六椽栿通檐用三柱。前檐铺作为六铺作单杪双下昂重栱造，里转双杪偷心造。殿门上方悬挂的“大雄之殿”木匾为金大安二年（1210）镌刻。殿内中部施木制佛龛，佛龛为明洪武九年（1376）制作，佛龛内有木雕释迦牟尼涅槃像一尊，卧佛身长4米，腰围直径1.5米，是用整根红杨木精雕而成。佛龛上和两次间现存同期三尊木雕弥陀佛坐像。

太阴寺大雄宝殿的建筑风格，体现了晋南地区早期建筑较高的艺术水平，是研究早期建筑的重要实例。

太阴寺全景

太阴寺释迦牟尼涅槃像木雕

太阴寺大雄宝殿

景云宫玉皇殿

位置 运城市绛县横水镇灌底堡村

时代 元代

类型 古建筑

2006年，被国务院公布为第六批全国重点文物保护单位。

景云宫玉皇殿坐北朝南，占地面积223平方米。据《闻喜县志》记载，景云宫创建于唐贞观八年（634），明清时期均有修缮。原建筑规模宏大，有一门六殿，布局紧凑，沿中轴线依次有山门、戏台、献殿、三清殿、玉皇殿等。1933年，宫内建筑毁于大火，仅存玉皇殿。

玉皇殿为元代遗构，面阔五间，进深六椽，单檐悬山顶，前檐斗栱为五铺作双下昂，每间皆有一朵补间铺作，梁架结构为四椽栿对后乳栿用三柱。殿前存有唐贞观八年元始天尊塑像碑一通。

景云宫玉皇殿是运城地区元代单体建筑中体量较大的一座，其建筑风格沿袭了许多早期作法，是研究本地区建筑由早期至晚期发展演变的一个实例。

景云宫玉皇殿梁架

景云宫玉皇殿正立面

景云宫玉皇殿元始天尊塑像碑拓片

长春观

2013 年，被国务院公布为第七批全国重点文物保护单位。

据混元宝殿梁脊板题记记载，长春观始建于元延祐元年至延祐七年（1314—1320），历代均有修缮。庙宇坐北朝南，南北长 71 米，东西宽 24.5 米，占地面积 1739.5 平方米，建筑面积 347 平方米。中轴线上自南向北原有戏台、献殿、玉皇殿、混元宝殿，现仅存献殿、混元宝殿及配殿、东廊房。

混元宝殿为元代建筑，面阔三间，进深四椽，单檐悬山顶，筒板瓦屋面。前檐施四根粗木柱，木柱上承粗圆木通额，通额上施七朵五铺作双下昂斗栱。柱头铺作耍头斜杀内凹，补间铺作使用瓜棱栌斗，梁架结构为四椽栿通檐用二柱，两山梁架为平梁对前后劄牵。平梁上施蜀柱、叉手，叉手与丁华抹颏栱相交承托脊槫。大殿结构简洁，用材硕大、敦实，具有典型的元代建筑特色。

长春观是研究元代道教建筑在民间影响力，研究元、清建筑形制及构造特色的宝贵资料。

位置：运城市绛县陈村镇东荆下村

时代：元代至清代

类型：古建筑

长春观鸟瞰

长春观混元宝殿

长春观献殿

南柳泰山庙

位置　运城市绛县南樊镇南柳村

时代　元代至清代

类型　古建筑

2013年，被国务院公布为第七批全国重点文物保护单位。

南柳泰山庙，又称“五泉庙”，始建年代不详。据现存碑文记载，明清时期曾多次修葺。庙坐北朝南，占地面积7342.8平方米。庙内原有戏台、献殿、正殿、钟鼓楼、廊房、阎王殿、道士房、后土殿、牛龙马王殿、廊房、娘娘殿、虎头门、圣母殿、火神殿。现仅存正殿、道士房、后土殿、牛龙马王殿、阎王殿、虎头门、圣母殿、火神殿和娘娘殿。其中，正殿、后土殿及圣母殿为元代建筑。

正殿面阔三间，进深四椽，单檐悬山顶，筒板瓦屋面。檐下柱头施三间大通额，其上置柱头与补间铺作，皆为五铺作双下昂，蚂蚱形耍头。每间补间铺作皆施一朵，当心间补间铺作出45度斜昂。殿内梁架结构为四椽栿通檐用二柱。后土殿位于正殿东侧，面阔三间，进深四椽，单檐悬山顶，筒板瓦屋面。前檐斗栱为四铺作单下昂，蚂蚱形耍头。补间铺作皆施一朵，仅当心间铺作出45度斜昂。梁架结构也为四椽栿通檐用二柱。圣母殿位于正殿西侧，与后土殿形制基本相同。

南柳泰山庙建筑保存比较完整，三座元代建筑的特点较为突出，为研究晋南地区早期建筑提供了实物。

南柳泰山庙周柏

南柳泰山庙鸟瞰

南柳泰山庙正殿

董封戏台

2006年，被国务院公布为第六批全国重点文物保护单位。

董封戏台，又称“泰山庙戏台”，坐南朝北，南北长38米，东西宽32米，占地面积1216平方米，建筑面积102.4平方米，属原黄飞虎庙（又叫“泰山庙”）中的一座单体建筑。据记载，重建于明万历四十年（1612），清嘉庆年间修葺。

戏台面阔三间，进深四椽，单檐歇山顶，砖构台基，高0.9米。五檩无廊式构架，前檐柱粗矮，上施圆木大额枋，平梁为月梁式，前后檐下柱头斗栱五踩双昂。里转斗栱出45度斜栱，后檐大斗为梅花形，用翼形令栱。

董封戏台位于元杂剧发源地的中心，为研究元以来戏剧的演出盛况提供了可靠依据。董封戏台保留了元代建筑的形制特点，对研究晋南地区戏剧表演场所形制的演进具有重要意义。

位置　运城市绛县安峪镇董封村

时代　明代

类型　古建筑

董封戏台正立面

董封戏台角科斗栱

董封戏台梁架

绛县文庙

运城市绛县古绛镇城内村

明代至清代

古建筑

2013年，被国务院公布为第七批全国重点文物保护单位。

绛县文庙坐北朝南，南北长95米，东西宽44米，占地面积4180平方米。据清乾隆版《绛县志》和有关碑文记载，绛县文庙始建于后唐长兴三年（932），元、明、清历代分别进行了重修和扩建，原为五进院落布局，沿同一中轴线建有山门、泮池、棂星门、过厅、戏台、献殿、大成殿、牌楼、明伦堂、敬一亭，建有乡贤祠、名宦祠、奎光楼、省性亭、东西廡、进往斋、麟经楼等建筑，现仅存大成殿和明伦堂。

大成殿虽为明代建筑，但仍旧保留了一定的元代建筑特征和风格，简朴而庄重。面阔三间，进深四椽，单檐歇山顶，梁架为五架梁通檐用二柱，抬梁式构架，砖砌台基，前设月台。明伦堂为清代建筑，面阔五间，进深六椽，前檐内廊，单檐悬山顶。

绛县文庙作为古代祭孔、教谕、训导、仕进的地方，是现代人们了解古代教育、传承儒家文化的重要场所。

绛县文庙大成殿

绛县文庙明伦堂

绛县文庙鸟瞰

南樊石牌坊及碑亭

位置 运城市绛县南樊镇西堡村

时代 清代

类型 古建筑

2013年，被国务院公布为第七批全国重点文物保护单位。

南樊石牌坊及碑亭建于清嘉庆九年（1804），是时任山东盐运滨乐分司司运贾宗洛奉旨旌表，为其祖母李恭人所建的节孝牌坊。牌坊为石质仿木结构，呈南北向安放，总高12米，宽8.5米。石条台基高1米，全青石砌造，双面六柱五门，正门两端各开二合八字门，三重檐庑殿顶，斗栱、椽飞、瓦当、脊饰均为仿木构形式雕刻。牌坊上雕“圣旨”石匾，额枋、平板枋等部位均浮雕走兽、花卉、人物等图案。牌坊东南侧附设碑亭一座，坐东朝西，南北长5.58米，东西宽2.5米，总面积约14平方米。仿木构，全青石砌造，面阔三间，进深一间，单檐歇山顶，屋脊、瓦垄、斗栱、枋板、雀替等部位饰以各种浮雕图案，柱头斗栱五踩斜昂。碑亭内嵌石碑15通，字体真、草、隶、篆皆有，碑框线刻有佛手、扇面等图案。

南樊石牌坊及碑亭集建筑、雕刻、书法艺术为一体，具有较高的历史和艺术价值。

碑亭碑刻拓片

南樊石牌坊

碑亭

乔寺碑楼

位置：运城市绛县横水镇乔寺村

时代：清代

类型：古建筑

2013年，被国务院公布为第七批全国重点文物保护单位。

乔寺碑楼建于清道光十七年（1837），是周氏家族为资政大夫周万钟所建的功德碑楼。乔寺碑楼坐西朝东，平面为长方形，建筑面积44.2平方米。石砌台基宽17米，深2.6米，高1.5米。楼身高约15米，面阔六间，单檐歇山顶，檐下饰砖雕仿木斗栱，正面设五碑室，立七通碑，每室通柱上有石雕对联，上嵌石匾额。三副对联均对仗工整，引经据典，寓意深刻，五个匾额均有典可循，警勉后人。楼体上部四面亦饰有各种砖雕勾栏、镂窗、垂花，构图考究，线条细密，雕工精美。碑楼内的碑文分别用楷、隶、篆等多种书体书写，字迹清奇娟秀，洒脱俊逸，笔力精深。

乔寺碑楼集建筑、砖雕、石雕、书法等艺术于一体，保存状况良好，具有较高的历史和艺术价值。

乔寺碑楼全景

乔寺碑楼砖雕

乔寺碑楼局部

居太遗址

位置：运城市绛县横水镇柳泉村

时代：新石器时代

类型：古文化遗址

2004年，被山西省人民政府公布为第四批省级文物保护单位。

居太遗址南北长约700米，东西宽约600米，分布面积约42万平方米。文化层厚约2米，断崖上暴露有灰坑和陶片，采集有泥质灰陶、红陶、夹砂灰陶、灰褐陶、红褐陶等陶片，纹饰有刻划纹、篮纹、黑彩纹等，器形有尖底瓶、卷沿盆、折沿盆、直口罐、平底罐等。

该遗址属仰韶文化庙底沟类型、西王村类型文化遗存。

居太遗址远景

居太遗址断崖暴露灰坑

车厢城城址

位置 运城市绛县古绛镇南城村

时代 春秋、汉魏

类型 古文化遗址

2016年，被山西省人民政府公布为第五批省级文物保护单位。

车厢城曾为晋国古都，始建于晋献公八年（前669）。该城址呈长方形，南北长500米，东西宽200米，分布面积10万平方米。

城内残存一段墙体，高约15米，长150米，底宽8米，顶宽3米，由夯土层构筑，夯土层厚0.1—0.15米。城墙及烽火台等遗存，全部由夯土构筑，地表发现大量灰坑，还散落有大量陶片。“车厢古迹”“晋大夫士蒍故里”两方石碣，保存于南城村中。

据史载和实地考证，春秋时期晋献公围杀群公子于“聚”的历史事件即发生在车厢城。“聚”，史家多诠释为“晋邑之专名”，因其形似车厢，又名“车厢城。”《读史方舆纪要》明确记载：“聚，即今绛县东南十里之车厢城。”从实地来看，该城沿中条山北坡而建，东西又有两峰对峙，呈易守难攻之势，是晋献公选之为都城的重要原因。自晋献公建都于绛之后，晋国开始由弱变强，特别是到晋文公时创建了辉煌霸业。县志记载，“绛县，春秋晋时，固一大都会也，其地固不狭”，真实描述了当时晋都景象。

车厢城城址城墙残段

车厢城城址文保标志碑

晋献公墓

位置 运城市绛县南樊镇槐泉村

时代 春秋

类型 古墓葬

1965 年，被山西省人民委员会公布为第一批省级文物保护单位。

晋献公（？—前 651），名诡诸，武公之子，文公之父，春秋时期晋国第 19 任君主，在位 26 年。现存墓冢高 40 余米，宛如山丘，孤寝无祠。未发掘，保存完好。清光绪版《山西通志》载，“晋献公墓、晋灵公墓在绛县”。

晋献公墓文保标志碑

晋文公墓

位置 运城市绛县卫庄镇下村

时代 春秋

类型 古墓葬

1965年，被山西省人民委员会公布为第一批省级文物保护单位。

晋文公（前697或前671—前628），名重耳，曾出奔19载，后回国即位，是为晋文公。其在位期间励精图治，国力大增，终于成为“春秋五霸”之一。据《左传》记载，晋文公“将殡于曲沃。出绛，柩有声如牛”。

晋文公墓墓碑

晋文公墓封土

晋灵公墓

位置：运城市绛县磨里镇东岭村

时代：春秋

类型：古墓葬

1996 年，被山西省人民政府公布为第三批省级文物保护单位。

晋灵公（前 624—前 607），名夷皋，晋文公之孙，春秋时期晋国国君，公元前 620 年至公元前 607 年在位。他在位期间，喜好声色，宠信奸臣，致使民不聊生。最终被赵盾、赵穿兄弟所杀。

地表现存圆形封土一座，底径约 9 米，残高约 0.5 米。清光绪版《山西通志》载，“晋献公墓、晋灵公墓在绛县”。

晋灵公墓封土

北步康墓地

位置 运城市绛县古绛镇北步康村

时代 西周

类型 古墓葬

2021 年，被山西省人民政府公布为第六批省级文物保护单位。

北步康墓地面积约 15 万平方米，采集有泥质陶壶、缸等残片。

北步康墓地地表无封土，未发现暴露遗物。北步康墓地是一处非常重要的西周墓群，具有较高的历史价值。

北步康墓地发掘的残片

睢村墓地

位置 运城市绛县卫庄镇睢村

时代 西周

类型 古墓葬

2021年，被山西省人民政府公布为第六批省级文物保护单位。

绛县睢村西周墓规模较大，2010年3月与2013年5月两次遭到盗掘。2015年7月，睢村墓地联合考古队开始对墓地进行正式发掘，共清理墓葬437座，出土文物1500余件。

该墓地出土遗物包括陶器、青铜器、漆器，以及海贝、毛蚶等。从现有的材料看，墓地人群单纯，与曲村—天马遗址差异较大。睢村墓地与绛县横水墓地相距仅15公里，且在墓葬特征方面，如墓葬形制、头向、葬式、随葬品，以及墓葬附近的柱洞、斜洞、腰坑、殉人等方面共性明显。

睢村墓地的发现与发掘，使得晋南地区在倗（绛县横水墓地）、霸（翼城大河口墓地）之外又出现了一个区域中心。它的出现，对于西周时期各个区域中心之间的关系研究，如与霸国的关系，与晋国的关系，与其他古国及周王室的关系的研究，对族群融合研究，以及对西周时期晋南地区及当时整个社会组织结构的探讨，也能起到一定的推动作用。考古学家判断睢村墓地可能就是史书上记载的西周时期一个戎狄小国的墓地。

雎村墓地出土的铜簋

雎村墓地出土的铜鼎

雎村墓地出土的铜簋

雎村墓地出土的铜鼎

雎村墓地出土的铜簋

雎村墓地出土的铜鼎

裴行俭墓

位置：运城市绛县郝庄乡永青村

时代：唐代

类型：古墓葬

1965年，被山西省人民委员会公布为第一批省级文物保护单位。

裴行俭（619—682），字守约，闻喜县人，唐代著名政治家、军事家、书法家，累官至礼部尚书兼检校右卫大将军、汾州刺史，封琅琊郡公。著有《选谱》10卷。

墓前原有石人、石马等石像生，毁于20世纪60年代。现存开元十八年（730）墓碑一通。碑额篆书“唐故礼部尚书……”字样，碑文漫漶不清。

裴行俭墓文保标志碑

裴行俭墓墓碑

韩庄净居寺

位置 运城市绛县卫庄镇韩庄村

时代 元代

类型 古建筑

2021年，被山西省人民政府公布为第六批省级文物保护单位。

韩庄净居寺现仅存正殿，创建年代不详，当心间脊部襻间枋存有部分墨书题记，但严重漶漫，仅有“重修谨志”四字可识，故年代无法辨认。根据其建筑形制、主体结构、风格特点，以及与同地区古建筑对比研究，确定该殿为元代建筑，山墙、屋顶、地面为明清重修。

正殿坐北朝南，面阔三间，进深四椽，单檐悬山顶。平面近方形，东西长10.2米，南北宽9.15米，建筑面积93.33平方米。正殿共计用柱14根，前后檐柱各4根，两山4根，后人支设附柱两根，断面为圆形，柱脚设方形素平柱础石，前檐柱头置通檐普拍枋。当心间梁架为四椽栿通达前后檐，栿头置于前檐铺作上，不出头，抵于撩檐槫内侧，栿尾置于后檐普拍枋上。栿背于平槫结点位置设矮柱，矮柱间设襻间枋纵向连构，上承方形抹角平梁，正中立蜀柱，柱头承丁华抹颏栱，次间襻间枋延伸至两山。两山梁架为平梁对前后劄牵，山柱直接支顶平梁，柱身封闭于山墙内。前檐柱头铺作共计四朵四铺作单下昂，蚂蚱形耍头，后檐无铺作。

该寺正殿元代建筑特征明显，为研究本区域元代建筑形制和建筑风格的发展演变提供了珍贵实物例证，具有较高的历史价值。

韩庄净居寺正殿正立面

韩庄净居寺正殿梁架

龙庆院

位置 运城市绛县古绛镇紫阳村

时代 元代

类型 古建筑

2021年，被山西省人民政府公布为第六批省级文物保护单位。

龙庆院坐北朝南，占地面积760平方米，建筑面积126.5平方米。据碑文和梁架题记载，元大德年间复建，明清多次重修。原建筑大部分已毁，现仅存正殿及“龙庆院寺碑”一通。

正殿主体构架为元代遗构，面阔三间，进深四椽，单檐悬山顶。平面共立柱14根，前檐柱头置通间大檐额，后檐施普拍枋。前檐柱头铺作四朵、补间铺作三朵，后檐柱头铺作四朵、无补间铺作，柱头铺作与补间铺作形制大体相同，均为单昂四铺作，蚂蚱形耍头。梁架结构为四椽栿通檐用二柱。四椽栿两端分别抵于撩檐槫，其背部立矮柱，柱头置襻间枋承平梁，平梁上立蜀柱，柱头置栌斗，斗内丁华抹颏栱与短替十字相交，柱脚施合楮稳固，两侧叉手夹固。

龙庆院基本保持了元代建筑形制，材料和工艺特点方面保留了历史原状，具有鲜明的地方特色，是研究本区域元代建筑形制和建筑风格的珍贵实物例证，具有较高的历史价值。

龙庆院正殿前檐栱眼壁画

龙庆院正殿正立面

横水成汤庙

运城市绛县横水镇横东村

明代至清代

古建筑

2016年，被山西省人民政府公布为第五批省级文物保护单位。

横水成汤庙坐北朝南，呈两进院落布局，东西宽34米，南北长89.2米，占地面积为3032.8平方米。原中轴线上自南向北依次排列有戏台、献殿、汤帝殿、圣母殿，东西两侧分别为关帝庙、孔子庙、土地庙、阎罗庙、菩萨庙、瘟神庙、财神庙、马王庙等。现存建筑有献殿、汤帝殿、圣母殿，圣母殿东西两侧有马王庙和财神庙。

献殿为明代遗构，面阔三间，进深四椽，单檐悬山顶，筒瓦屋面，灰陶脊饰，大木构架为五檩无廊式。檐下置柱头科和平身科斗栱共七攒，均为三踩单昂形制，蚂蚱形耍头。汤帝殿为清代建筑，面阔三间，进深四椽，单檐悬山顶。庙内还保存有重修碑等11通。

横水成汤庙是当地商汤文化的具体体现，承载着人们纪念商汤为民谋福利的良好意愿和祈佑国泰民安、人寿丰年的美好愿望。

横水成汤庙鸟瞰

横水成汤庙献殿

沸泉九龙庙

位置　运城市绛县南樊镇沸泉村

时代　明代

类型　古建筑

2021年，被山西省人民政府公布为第六批省级文物保护单位。

沸泉九龙庙现仅存正殿，始建年代不详，依形制判断为明代建筑。

沸泉九龙庙正殿坐落在砖砌台基上，东西长11.4米，南北宽8.4米，建筑面积95.76平方米。面阔三间，进深四椽，单檐悬山顶，筒板瓦屋面。平面共立柱10根，前檐立石质八棱柱4根，均有收分，两次间柱身线刻行龙。前后檐柱头置通檐圆形平板枋，其上置三踩单昂斗栱。

沸泉九龙庙正殿建筑时代特征明显，是研究本区域建筑形制和建筑风格、民间信仰、当地水利发展史的珍贵实物例证，具有较高的历史价值。

沸泉九龙庙正殿正立面

沸泉九龙庙正殿侧立面

横北探花府

位置 运城市绛县横水镇横北村

时代 清代

类型 古建筑

2021年，被山西省人民政府公布为第六批省级文物保护单位。

横北探花府因曾是清代探花乔晋芳之府邸而得名。乔晋芳，字心农，生于清嘉庆二十四年（1819），于道光十五年（1835）乙未科殿试高中一甲第三名，钦点探花及第，被誉为“两千里内无双士，三百年来第一人”。探花府占地10余亩，原是一座拥有11座四合院，以及书院、祠堂、花园、场院、莲池等建筑的大型建筑群。现仅存3座四合院。

探花府坐北朝南，东西长58米，南北宽49.5米，占地面积2871平方米，建筑面积557.8平方米。一号院现存门楼、北房、南房、西房；二号院现存北房、南房、西房、过厅；三号院现存门楼、北房、西厢房、耳房。其中一号院门楼为廊式建筑，硬山顶，面阔三间，进深四椽，外檐额枋、雀替均饰木雕牡丹花和各种吉祥图案。斗栱五踩双下昂，昂嘴短促，蚂蚱形耍头，额枋下施有廊柱，石质柱础，下层须弥座，中层镂雕，上层浮雕莲瓣、花卉等吉祥图案。横北探花府木雕及石雕构件雕刻精美，刀功精湛，手法细腻，是清代民居中难得的雕刻佳品。

横北探花府较为完整地保存了运城地区民居大院的院落布局与建筑风格，对研究清中后期官宦的府邸布局、社会地位等问题具有重要历史价值。

横北探花府一号院门楼前檐

横北探花府石质柱础

宋村永兴寺

位置：运城市垣曲县华峰乡宋村

时代：金代、清代

类型：古建筑

2013年，被国务院公布为第七批全国重点文物保护单位。

宋村永兴寺，又名“重兴寺”，创建于西魏大统四年（538），明、清、民国多次修葺。该寺坐北朝南，南北长121米，东西宽40米，占地面积4840平方米。建筑整体沿中轴线对称，现存正殿、东耳房、永兴砖塔。正殿为金代建筑，东耳房、永兴砖塔为清代建筑。

正殿面阔五间，进深四椽，单檐悬山顶。梁架结构为三椽栿对后乳栿通檐用三柱。前檐柱头斗栱为四铺作单下昂，蚂蚱形耍头，仅当心间施补间铺作一朵，出45度斜昂。后檐当心间亦仅施补间铺作一朵，令栱两侧出下昂形双耳，屋顶脊兽为黄绿琉璃相间。正殿经多次重修，梁架大部分保存金代风格。

砖塔位于寺南约百米处，为清代六角七层砖塔。

宋村永兴寺正殿主体结构比较完整，建筑形制特色明显，是晋南地区保存不多的金代建筑之一，对研究金代晋南地区的建筑艺术有重要的参考价值。

宋村永兴寺正殿

宋村永兴寺正殿前檐补间斗栱

宋村永兴寺砖塔

二郎庙北殿

位置 运城市垣曲县蒲掌乡北阳村

时代 元代

类型 古建筑

2006年，被国务院公布为第六批全国重点文物保护单位。

二郎庙创建年代不详，现仅存北殿，为元代建筑。

北殿坐北朝南，东西长9米，南北宽6.2米，建筑面积55.8平方米。面阔三间，进深四椽，单檐悬山顶。梁架结构为四椽栿通檐用二柱，柱头有覆盆式卷杀、阑额与普拍枋相交出头，柱头斗栱为四铺作单昂，补间斗栱为四铺作单杪，每间一朵，当心间补间栱出45度斜栱，前檐当心间设板门，两次间为棂条窗。

二郎庙北殿主体结构比较完整，建筑形制特色明显，对研究元代晋南地区的建筑艺术有重要的参考价值。

二郎庙北殿梁架

二郎庙北殿正立面

二郎庙北殿鸟瞰

埝堆玉皇庙

位置 运城市垣曲县皋落乡东山村

时代 元代

类型 古建筑

2006年，被国务院公布为第六批全国重点文物保护单位。

埝堆玉皇庙创建年代不详，据庙内碑文及题记记载，明成化年间，清嘉庆二十三年（1818）、同治十年（1871）、光绪三十四年（1908），1937年均有修缮。坐北朝南，占地面积481平方米。庙院原为一进院落布局，建有正殿、戏台、东耳殿、西耳殿、东廊房、西廊房和山门。现仅存元代建筑正殿和戏台，东廊房仅存部分建筑基址，其余建筑皆毁。庙内另存石碑四通，正殿内保存题记一款。

正殿位于庙院中轴线北端，建筑面积59.97平方米。坐北朝南，平面呈长方形，前设月台，面阔三间，进深四椽，单檐悬山顶，灰陶质筒板瓦屋面。柱头施五铺作双下昂斗栱，补间斗栱皆一朵，仅当心间为梅花形大斗，令栱皆为异形栱。殿内明间两缝梁架为四椽栿通达前后檐通檐用二柱（民国时在四椽栿下皮设支顶柱一根）。正殿当心间脊槫顺身串下皮，正文墨书："时中华民国二十六年岁次丁丑阴三月二十七日重修玉帝庙壹所永保合村吉祥如意。"

戏台位于庙院中轴线南端，建筑面积51.57平方米。坐南朝北，平面呈长方形，面阔三间，进深四椽，单檐悬山顶，灰陶质筒板瓦屋面。柱头施四铺作单下昂斗栱。梁架为四椽栿通达前后檐通檐用四柱。前台敞朗，东、西、南三面由砖墙封护。

埝堆玉皇庙是山西南部地区现存为数不多的元代木构建筑之一，其正殿及戏台的大木构架保留诸多早期做法，前后檐施圆木大檐额，以及蝉肚实拍栱、戏台移柱造的运用，自然弯材的巧妙利用等，反映了明显的时代特征、民间建筑的多样性和民间工匠的创造性，对研究元代晋南地区的建筑艺术有重要的参考价值。

埝堆玉皇庙正殿正立面

埝堆玉皇庙正殿侧面

埝堆玉皇庙外景

南海峪遗址

位置 运城市垣曲县毛家湾镇店头村

时代 旧石器时代

类型 古文化遗址

1986年，被山西省人民政府公布为第二批省级文物保护单位。

南海峪遗址是一个由石灰岩生成的洞穴。洞口高出山涧地面约6米，与担山石河第一阶地约等高。

据现场观察，这个山洞是由北向南扩展而成。在山洞中填充着厚度不均的堆积物，从堆积物中发现的打制石器、烧骨和动物化石可以分析出，南海峪的人类遗址的地质时代，应属于中更新世时期，或稍晚些。

该遗址发现具有明显打制和修整痕迹的石器共10余件，所用的原料为脉石英和燧石，类型有石片、尖状器、刮削器。

南海峪遗址的发现，不仅丰富了我国关于旧石器的知识，同时还给考古界在沿太行山、中条山一带，继中国猿人化石发现之后，继续寻找与中国猿人同时代的或稍晚的人类化石，提供了极重要的线索。

南海峪遗址外景

南海峪遗址内景

丰村遗址

位置 运城市垣曲县华峰乡丰村

时代 新石器时代

类型 古文化遗址

2004年，被山西省人民政府公布为第四批省级文物保护单位。

丰村遗址东西约500米，南北约1000米，总面积约50万平方米，时代主要为龙山晚期。

该遗址于1979年末发现，1982年，中国社会科学院考古研究所山西队对其进行了详细的调查和发掘。

丰村遗址范围内发现部分文化层，厚0.5米至5米不等。出土器物主要有各种陶器、石器、骨器及动物骨骼等。发现的文化遗迹主要有不同时代的圆袋形坑、椭圆形坑、筒形坑、长方形坑、房址、灰沟、瓮棺葬等。

2000年，国家博物馆考古部再次进行调查，采集了罐、缸、豆等器形，纹饰有篮纹、绳纹、方格纹、附加堆纹等，并发现瓮棺墓，对于研究新石器时代的丧葬习俗和文化具有重要意义。

丰村遗址断崖

丰村遗址灰坑

上亳城址

位置　运城市垣曲县王茅镇上亳村

时代　东周至汉代

类型　古文化遗址

2016年，被山西省人民政府公布为第五批省级文物保护单位。

上亳城址南北长约400米，东西宽约300米，占地面积约12万平方米，时代为战国早期至汉代。

战国时，垣曲属魏国，魏文侯率先实行变法，改革政治，奖励耕战，兴修水利，发展封建经济，使魏国迅速成为有实力的大国。魏初都运城安邑，后都河南开封，垣曲占据重要的战略位置，故建亳城以守之。

上亳城址内曾进行过多次发掘，整体呈长条形，分布于平地，地势为西北高、东南低，呈台阶状。分东西二城，存北墙、南墙、东墙，中墙为二城合用，北墙长1530米，南墙长880米，东墙长890米，中墙长600米。西城墙西段有部分残留，残长26米，残高1.5米，厚3米，城基宽近15米，夯土层厚0.04—0.15米，夯窝直径0.07米。城内陶片较多，以生活用具为主，包括钵、盆、罐等，是山西省保存较为完整一座战国早期至汉代城址。

上亳城址内涵丰富，包含有仰韶中期、仰韶晚期、庙底沟二期、龙山时期及东周遗存，以新石器时代遗存为主，是研究垣曲盆地新石器时代文化序列以及该区域文化面貌的又一处重要遗址。

上亳城址仰韶中期彩陶钵

上亳城址仰韶中期彩陶盆

上亳城址仰韶晚期尖底瓶

北峪铜矿遗址

位置 运城市垣曲县毛家湾镇北峪村

时代 汉代、唐代

类型 古文化遗址

1996年，被山西省人民政府公布为第三批省级文物保护单位。

北峪铜矿遗址主要分布于洞沟、铜锅矿区、马蹄沟矿区、篦子沟矿区、店头矿区等处。

该遗址包含汉代、唐代的文化遗存。

矿洞分布集中，相距最远的不过20米，由东向西排列。洞长约20米，高、宽各约10米。在第五号与第六号洞之间的崖壁上，发现七行题记，残存年号主要属东汉末灵帝时期，其中有光和二年（179）、中平二年（185）等。遗址内堆积有大量的炉渣。采集遗物有板瓦、筒瓦及陶罐、铁器等。

《新唐书·地理志》记载，“（绛州曲沃）南十三里，山有铜”，“（翼城）有铜源”，“（闻喜）有铜冶”。从考古调查及文献记载看，中条山地区至迟在夏商时期已开始产铜。

北峪铜矿遗址外景

北峪铜矿遗址内景

北白鹅城隍庙

位置：运城市垣曲县英言镇白鹅村

时代：元代、清代

类型：古建筑

2021年，被山西省人民政府公布为第六批省级文物保护单位。

北白鹅城隍庙创建年代不详，坐北朝南，占地面积1070平方米，建筑面积131.14平方米。现仅存阎王殿、戏台两座建筑，其余为新建建筑。

阎王殿为元代建筑，坐北朝南，面阔三间，进深四椽，单檐悬山顶，灰陶板瓦屋面。梁架为四椽栿通檐用两柱。前檐共施铺作七朵，形制均为四铺作单下昂，蚂蚱形耍头。柱头铺作耍头后尾成蝉肚形，补间铺作皆一朵，均为讹角栌斗，明间补间铺作出45度斜昂，平面呈“米”字形。檐柱粗矮，上施通檐普拍枋。明间辟板门，次间辟槛窗。殿内尚保留有唐代经幢和清宣统三年（1911）重修梁脊板一块。

北白鹅城隍庙戏台木雕

戏台为清代建筑，坐南朝北，面阔三间，进深四椽，单檐硬山顶，灰陶筒板瓦屋面，檐下额枋雕缠枝牡丹图案。

北白鹅城隍庙阎王殿在形制、材料和工艺等方面保留了原状，是研究晋南地区元代建筑的重要实物资料。

北白鹅城隍庙阎王殿正立面

北白鹅城隍庙戏台正立面

东型马纯阳观

位置　运城市垣曲县华峰乡型马村

时代　元代

类型　古建筑

2021年，被山西省人民政府公布为第六批省级文物保护单位。

东型马纯阳观坐北朝南，占地面积170平方米，建筑面积87.36平方米。创建年代不详，现仅存正殿。

正殿又名老君殿，为元代建筑，坐北朝南。面阔三间，进深四椽，单檐悬山顶，灰陶板瓦屋面。梁架结构为四椽栿通檐用二柱。明间四椽栿背部卧置圆形短木，其上置栌斗承平梁。檐下共施四铺作单下昂八朵，蚂蚱形耍头，当心间两朵补间铺作，两次间皆一朵。

庙内存有清嘉庆十三年（1808）刻立的《纯阳观创建并重修碑记》一通，青石质，阴刻小楷，8行，满行38字，姚文英撰文。

东型马纯阳观是晋南地区现存不多的元代建筑之一，对于研究晋南地区早期古建的形制演变、建筑规制以及手法构造都有着珍贵的参考价值。

东型马纯阳观正殿正立面

东型马纯阳观正殿前檐斗栱

同善同心会馆

位置 运城市垣曲县历山镇同善村

时代 清代

类型 古建筑

2021年，被山西省人民政府公布为第六批省级文物保护单位。

同善同心会馆创建于清乾隆四十五年（1780），清道光二十年（1840）、道光三十年（1850）、咸丰三年（1853），以及1913年增建或重修。坐北朝南，占地面积1974平方米，建筑面积531.94平方米。会馆沿中轴线自南向北依次建有山门、照壁、戏台、月台、献殿、关帝殿；两侧自南向北依次建有掖门、廊房、火神祠、财神殿，周围建有围墙。庙内存有碑刻多通。

戏台面阔三间，进深五椽，单檐悬山卷棚顶。前檐额枋镂空木雕花卉、行龙，柱头斗栱三踩单翘，明间平身科出45度斜栱，两侧出八字墙。

献殿面阔三间，进深四椽，单檐硬山卷棚顶。额枋、雀替、柱头、板枋均木雕花卉。

同善同心会馆是晋南地区现存不多的清代会馆建筑遗存之一，为研究晋商文化提供了较重要的实物资料。

同善同心会馆鸟瞰

同善同心会馆山门

西阴村遗址

夏县

位置 运城市夏县尉郭乡西阴村

时代 新石器时代

类型 古文化遗址

1996年，被国务院公布为第四批全国重点文物保护单位。

西阴村遗址东西宽600米，南北长950米，总面积57万平方米，包含仰韶中期、庙底沟二期、龙山晚期和商代等阶段遗存，以仰韶中期遗存最为丰富。

1926年2月5日至3月26日，中国现代考古学之父李济先生和地质学家袁复礼先生在山西南部进行史前古人类遗迹考古调查；3月24日，袁先生发现西阴村遗址；10月15日至12月初，对西阴村遗址进行了考古发掘，这是我国学者第一次独立主持的考古工作。这次发掘有两个重要发现：一是发现了一批仰韶文化遗物，后来被命名为“仰韶文化庙底沟类型”，也被称为“西阴文化”。二是出土了半个蚕茧标本，现在在台北故宫博物院保存。蚕茧是一颗被割掉了一半的丝质茧壳，茧壳长1.36厘米，茧幅1.04厘米。

这次发掘是中国考古学在当时所能达到的最高水平，也为1928年开始的殷墟发掘奠定了最初的考古学基础。

1994年10月2日至11月28日，山西省考古研究所主持进行了第二次发掘工作，发现大量仰韶中期和庙底沟二期阶段遗存。仰韶中期遗迹有半地穴式圆形或长方形房址，出土遗物包括陶器、石器、骨器和蚌器，陶器主要是素面陶和黑彩陶，器形有钵、盆、尖底瓶、敛口瓮、缸、釜、灶、夹砂罐等；庙底沟二期文化遗迹主要是圆形半地穴式房址，陶器以灰陶为主，主要有釜灶、双耳壶、高颈瓶、钵、盘、罐、瓮、缸、器盖，以及石刀、石锛等。

西阴村遗址丰富的文化内涵，包含了仰韶文化庙底沟类型的全部内容，又独具特色。依据考古学惯例，为纪念国人首次独立主持田野考古发掘的不朽业绩，“西阴文化”被正式提出。

西阴村遗址出土的陶釜

西阴村遗址出土的彩陶钵

西阴村遗址出土的彩陶钵

东下冯遗址

位置 运城市夏县埝掌镇东下冯村

时代 新石器时代至商代

类型 古文化遗址

2001年，被国务院公布为第五批全国重点文物保护单位。

东下冯遗址是晋南地区一处典型的夏商时期聚落。

1959年春，东下冯遗址首次被发现。1974年冬至1979年冬，中国社科院等多家单位联合对该遗址进行了发掘。当时认为遗址面积约25万平方米。21世纪初，国家博物馆等单位再次对东下冯遗址进行调查，认识到东下冯、埝掌遗址是一个整体，面积130余万平方米。从公布的资料来看，东下冯遗址的文化内涵主要包括仰韶晚期、龙山晚期、夏及早商时期。

东下冯遗址仰韶晚期遗存性质应属于西王村文化。关于东下冯遗址龙山时期遗存的属性问题多有争论，有学者认为属陶寺文化，也有学者认为属三里桥文化。

东下冯遗址夏时期文化是指以东下冯遗址一期至四期为代表的文化遗存，四期之间连续发展、一脉相承，其年代与二里头文化一期至四期相当。多数学者认为它是二里头文化在晋南地区的一个地方类型，称之为“东下冯类型”。遗物中陶器最能代表“东下冯类型”遗存特征。器形方面，典型的器物有陶鬲、陶鼎、大口尊、蛋形瓮、陶甗、深腹罐、单耳罐、深腹盆、小口尊、器盖、陶盘、陶豆等，还有少量陶爵、陶盉、四足方杯、小盅等。东下冯遗址早商时期文化遗存的性质，一般认为属典型的早商文化。

东下冯遗址经过发掘，遗存比较丰富的是东下冯遗址三、四期，除陶器外，还发现有铜器 40 件，主要是铜工具和武器，铜容器仅一件铜爵，还有一批铜炼渣；生产工具以石器居多，少量骨器；装饰品以骨簪数量最多，还有少量的绿松石、玉器等。卜骨在各期也有较多发现，乐器仅发现打制石磬一件。在个别灰坑内残留有粟颗粒，还出土桃核一枚。

东下冯遗址最引人关注的是，发现了夏至早商时期的文化遗存，这为探索夏文化以及探讨早期国家治理体系及资源控制提供了重要资料。晋南地区自古有“夏墟”之称，从东下冯遗址的发现来看，并非空穴来风。东下冯遗址所发现的早商城址以及城内西南角发现的圆形建筑基址，对探讨早商时期商人在晋南地区的势力扩张以及国家治理、资源控制等话题意义非凡。

东下冯遗址中部断崖暴露灰坑

东下冯遗址发掘的地坑院

东下冯遗址发掘的操作间

东下冯遗址出土的卜骨

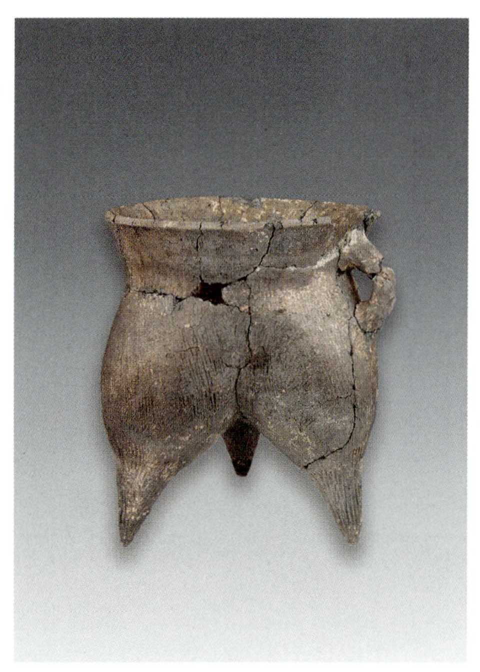

东下冯遗址出土的陶鬲

禹王城遗址

位置　运城市夏县县城

时代　东周至汉代

类型　古文化遗址

1988年，被国务院公布为第三批全国重点文物保护单位。

禹王城遗址平面呈不规则梯形，由大、中、小三座城相套合而成，大城周长32里。东周时期，魏都安邑，秦军占领后设河东郡治于此，两汉因之，东晋时期郡治南迁蒲坂，这里成为安邑县治所在。北魏太和十八年（494），县治东迁后，逐渐沦为遗址，遂更名为禹王城。古城址由都城、郡治到县治，使用时间达1056年之久，文化堆积普遍厚达3米余，保存有丰富的历史文化遗产。

从发掘的五铢钱和其他遗物特征判断，禹王城遗址的时代为东周至两汉时期。20世纪60年代初，中国科学院考古研究所山西工作队和山西省文物管理工作委员会曾对其详细调查，初步对其年代和性质进行考证。为进一步了解禹王城遗址的文化内涵，尤其是城内手工业作坊遗址的情况，90年代对小城内北部选址进行探方试掘，发掘面积75平方米，出土遗物丰富。

从所出土的碎范块之范腔形状推测，遗址为一处以铸造铁容器为主的冶铸作坊，通过遗物中出现的大量“东三”铭文，进一步推测应是铁官所辖第三号冶铸作坊，位于禹王城遗址内。

遗物中以陶范为主，种类有锛范、铲范、六角承范、釜盆等容器范、花纹范、车軎范、圆形承范等，其上多刻写有“东三"等字。其中尤以罐、盆、甑、釜、碗等容器范数量最多，刻字除“东三”外，还有“十升”“五升”等计容性质的字。罐、盆、甑容器范近见有外范，范外表有较厚的加固泥，含糠壳、麦秸等草拌泥，釜、碗容器范则有外范和内范，内、外范范腔表面均涂有白色滑石粉涂料。遗物中还有盆、罐、壶、碗、豆、甑等陶容器，以及筒瓦、板瓦、瓦当、砖等建筑构件，数量亦较多。另外，还出土有许多铁渣、炉壁残块、炉渣等。

禹王城遗址近景

崔家河墓群

位置 运城市夏县埝掌镇崔家河村

时代 东周

类型 古墓葬

2006年，被国务院公布为第六批全国重点文物保护单位。

崔家河墓群南北长约800米，东西宽约250米，东邻崔家河水库，北接东下冯遗址，西靠埝掌河，南与崔家河遗址接壤，分布面积约为20万平方米。

1997年冬，盗墓者发现并盗挖其中一座墓葬。自1998年始至今，墓群因随葬品丰富而遭到盗墓者疯狂盗挖，先后有10座古墓被盗。2003年10月23日，发生盗挖崔家河古墓案，追回的5件青铜器均属国家保护的珍贵文物。2004年，山西省文物局遂委派侯马工作站组织力量，于年底对墓区进行了为期两个多月的考古勘探和发掘工作，取得了一批宝贵的第一手资料，为进一步对墓葬的时代和规模进行深入探讨研究奠定了基础。

该地点东周时期墓葬多为竖穴墓，随葬品以铜鼎、豆、壶为主，还有铜编钟、鉴、匜、罍、石磬、玉骨圭和铜贝、石贝、骨贝、贝币以及玉饰等。铜器纹饰为云雷纹、蟠螭纹等。

崔家河墓群为东周时期或偏早时期贵族墓地，为晋西南地区东周时期考古提供了丰富翔实的资料，对研究晋西南地区东周历史文化有着重要的价值。

崔家河墓群远景

崔家河墓群近景

薛嵩墓

位置 运城市夏县水头镇大张村

时代 唐代

类型 古墓葬

2013年，被国务院公布为第七批全国重点文物保护单位。

薛嵩，名尹，字嵩，河东万泉（今运城市万荣县）人，唐代名将薛仁贵之孙。薛嵩因在“安史之乱”中反正，被朝廷封为检校尚书右仆射、御史大夫、昭义军节度使、平阳郡王。大历七年（772），薛嵩去世，追赠太保。

薛嵩墓位于薛园。坐西朝东，东西长约600米，南北宽约200米，现存大墓冢一座，神道碑一通，石羊两尊。薛嵩墓于唐大历八年（773）营造，墓冢平面呈圆形，高2.45米，底径34米。墓前神道长达490米，宽近25米。墓碑位于神道最前方，作立式，通高6.3米，额刻四螭首，非常生动。碑文隶书，程浩撰，韩秀实书丹，25行，满行65字，字径3.5厘米，共1360余字。

神道碑体量高大，记载薛嵩事迹齐全，可与史载互证，亦可补史缺。碑文字体为隶书，运书劲健流畅，为研究唐代书法艺术提供了珍贵的实物资料。薛嵩墓占地面积大，神道长，神道碑雕刻精湛，对研究唐代名宦墓葬提供了重要研究例证。另外，薛嵩为唐代名宦，对研究唐代历史有重要的价值。

薛嵩墓神道碑外景

薛嵩墓神道碑

司马光墓

位置 运城市夏县水头镇小晁村

时代 北宋

类型 古墓葬

1988年，被国务院公布为第三批全国重点文物保护单位。

司马光墓位于司马光祖茔。司马光是死后第二年，即元祐二年（1087）归葬祖茔。次年，树立起神道碑。

司马光祖茔自东晋征东大将军司马阳始葬于此，后来北宋前期司马光祖父司马炫等显宦皆埋葬于此。祖茔被中部水沟分隔成两部分，西部的墓区时代久远，仅可见残存的石羊、石兽，高大威武，引颈挺立，魏晋风格鲜明。而今祖茔以东部的墓区为主。司马光及父兄3座大墓冢居中，东边两座大墓冢环卫，前后左右而今可见13座大小不同的墓冢。司马光及父兄3座大墓冢中，司马光之父司马池之墓居中，东为其兄司马旦之墓，西为司马光之墓。3座墓周围有砖垣墙围护遗迹，墓前有建筑遗迹。大墓冢前有一座略小的墓冢横置神道间，传为司马光子司马康之墓，神道朝向为南偏东，两边分列有石翁仲、石虎、石羊等。

祖茔由三部分组成，分别为香火院、祠堂、墓地，保存有宋、金、元、明、清碑刻30通，以北宋古建余庆禅院佛殿，杏花碑，神道碑楼，司马炫、司马沂、司马谘、司马里墓碑，唐柳氏家训、温公画像碑最为著名，是县域人文旅游名片。

余庆禅院

温公祠堂

大洋泰山庙

2006年，被国务院公布为第六批全国重点文物保护单位。

大洋泰山庙现仅存一座大殿，坐北朝南，总面积约153.5平方米。创建年代不详，据梁架题记，元大德八年（1304）、明隆庆五年（1571）均有修葺，元代建筑风格明显。面阔五间，进深五椽，前插廊，悬山顶，前檐下斗栱五铺作单昂，琉璃屋脊。

泰山庙大殿现存木构反映了元代建筑“稍加砍伐，即行即用，不拘一格”的豪爽奔放特征。滴水使用的神人飞天云纹图案，则具有很强的装饰艺术性，是元代建筑艺术的杰作。

泰山庙大殿是夏县仅有的两座宋元建筑之一，是研究元朝木构建筑形制的重要案例，也是晋南地区元代木构建筑群的重要组成部分，是研究元代五岳崇拜的重要实物。

大洋泰山庙鸟瞰

位置　运城市夏县瑶峰镇大洋村

时代　元代

类型　古建筑

大洋泰山庙大殿

上冯圣母庙

位置　运城市夏县埝掌镇上冯村

时代　元代至清代

类型　古建筑

2013年，被国务院公布为第七批全国重点文物保护单位。

上冯圣母庙创建于元延祐三年（1316），明清屡次修葺。庙宇坐北朝南，现存有圣母殿、配殿、香亭各一座。圣母殿为元代建筑，香亭为明代建筑，配殿为清代所建。

圣母殿面阔三间，进深四椽，单檐悬山顶。立柱皆为八棱柱，柱头卷杀明显，梁架采用露明造，殿内两山墙墙壁之上有彩塑及悬塑的琼宫楼阁。后墙保留有神龛泥塑痕迹，前檐栱眼壁正面画龙纹，背面画人物山水图。

香亭即献殿，由前檐歇山顶抱厦一间与后部的面阔三间、进深五椽的单檐歇山顶主亭两部分构成。该亭斗栱按功能、位置分为主亭檐部斗栱、抱厦檐部斗栱、隔架科斗栱、藻井斗栱及中心垂莲柱上的倒悬斗栱五种类型。外檐斗栱为三踩单昂造，藻井斗栱由五架梁上的平面呈八边形布列的斗栱与中央垂莲柱柱头的斗栱合成。主亭构架为五架四椽，抱厦是山花向前的歇山构架。屋顶为筒板布瓦，绿琉璃勾头、滴水剪边，有琉璃脊兽、博风板、象眼。脊刹由三层仿木楼阁叠成。抱厦正脊筒的图案为牡丹、祥凤、童子相间拼成，其余脊兽与主亭一致。

配殿面阔一间，进深四椽，单檐悬山顶。

庙内保存大顺永昌元年（1644）、清道光二十五年（1845）、清光绪九年（1883）重修碑记三通。

圣母庙规模虽然不大，但八棱柱之制，普拍枋接头的勾头搭掌之制，以及柁峰、异形栱和斜栱都体现了元代风格，高台基的构造、减柱造和柱头卷杀、侧脚明显系宋元建筑之旧制，特别是六棱形椽的使用，在其他同时代的建筑中较为少见，无论在建筑结构还是风格上都具有研究价值。

上冯圣母庙圣母殿

上冯圣母庙香亭屋顶琉璃脊饰

上冯圣母庙圣母殿山墙悬塑

夏县文庙大成殿

位置 运城市夏县瑶峰镇南关村

时代 明代

类型 古建筑

2013年，被国务院公布为第七批全国重点文物保护单位。

据碑文记载，夏县文庙大成殿创建于宋代，元至元十四年（1277），明成化、万历，清顺治、乾隆、同治等朝均有重修。原布局不详，现仅存大成殿。大殿重建于明成化十三年（1477），坐北朝南，占地面积840平方米。

大成殿面阔七间，单檐歇山顶。十一檩前后廊式构架，殿内采用减柱法。柱头斗栱七踩三昂，明间平身科出斜昂，次、梢间用连珠斗栱。大殿屋顶山花部分用彩色琉璃装饰，浮雕有二龙戏珠，以及祥云、游鱼、水龙等。

大成殿虽历经修葺，仍较完整地保留了早期建筑风格，粗立柱、上下收分明显、有侧脚与生起、柱头有覆盆式卷杀，柁峰、襻间、金箱斗底槽以及斗栱、补间后尾挑承、减柱造之制等皆延续了宋元建筑做法，其中相当部分的构件仍系宋元时旧制。斗栱立面高度与柱高比例为1∶4，采用大跨梁、斗栱分解上部重压，这种结构紧凑、设计合理的建筑构造显然保留了宋元建筑风格，在结构力学上达到了很高的技术水准。在明嘉靖三十四年（1555）持续百日的大地震中，竟能奇迹般独存于县城中，这与其科学的建筑结构有着很大的关系，所以它无论在建筑力学还是建筑艺术上都具有重要的研究价值。屋顶琉璃艺术的装饰是明成化时期的艺术珍品，对研究明代琉璃工艺有重要的参考价值。

夏县文庙大成殿外景

夏县文庙大成殿是山西境内保存规模较大的县级文庙大成殿，屋顶琉璃脊饰及山面、博风保存完好，具有重要的历史和艺术价值。

夏县文庙大成殿梁架

夏县文庙大成殿鸟瞰

墙下关帝庙

位置　运城市夏县裴介镇墙下村

时代　明代至清代

类型　古建筑

2019年，被国务院公布为第八批全国重点文物保护单位。

墙下关帝庙创建年代不详，据庙内碑刻记载，明嘉靖三十六年（1557）、崇祯十三年（1640），清康熙十九年（1680）、雍正三年（1725）、咸丰元年（1851），1920年皆有重修或添建。该庙坐北朝南，占地面积3997.6平方米。建筑布局沿袭“前朝后寝”、中轴线对称之制。中轴线上从南至北有乐楼、看亭、献亭、正殿、牛马王祠、土地殿。

据梁脊板上“大清康熙二十年岁次辛酉十社灯酒会重修戏楼谨志”题记，乐楼重修于康熙二十年（1681），面阔三间，进深四椽，单檐悬山顶。上下二层，底层辟为过道，上层为乐

墙下关帝庙鸟瞰

楼。檐下置柱头科和平身科，形制为三踩单下昂。各平身科后尾斜出支撑下槽檩的垂莲柱，后檐平身科无斜栱之制。立柱间门框板上镌刻楹联数副：“玉振金声点破炎凉世态，清歌妙舞由传古今人情”；“不大地方可作家国天下，寻常人物能为文武鬼神”；“一梦占尽秋江月，万舞齐开玉树花”。

看亭面阔三间，进深四椽，单檐歇山顶，粗立柱支撑。

献亭面阔三间，进深四椽，单檐悬山顶。柱头卷杀，斗栱斜栱带垂耳，梁架自然取材，斜栱挑承垂莲柱之制，保留了元代建筑风格。

正殿面阔三间，进深五椽，单檐悬山顶。殿内彩塑系近年来新作。

土地殿面阔三间，进深三椽，单檐悬山顶，前设插廊。殿内嵌有明崇祯十三年重修土地庙石碣。

庙内存明、清、民国间碑刻 13 通。

墙下关帝庙规模宏伟，布局合理，结构严谨，保存基本完整，是目前山西最大的村级关帝庙，在夏县境内可谓独树一帜，在运城市 13 个县市内也十分罕见，加之建造时间较早，明清时期古建筑荟萃，为研究我国封建社会晚期关帝庙的布局与结构特征提供了珍贵的实物资料。另外，如此规模的古建筑群，与清代康熙年间在翰林院为官的张润民的大力支持是分不开的，这为研究民建官助乡村庙宇的经济运作状况亦提供了重要的参考依据。

墙下关帝庙献亭

墙下关帝庙看亭

裴介遗址

2004 年，被山西省人民政府公布为第四批省级文物保护单位。

裴介遗址东西约 1000 米，南北约 1000 米，分布面积约 100 万平方米，时代为仰韶、龙山、二里头时期。

遗址范围内遗存丰富，文化层厚 2—3 米，还有一些建筑遗迹、陶器等。1999 年，对一座商代陶窑遗址进行了发掘，出土器物有陶制鬲、钵、折肩罐、大口尊、瓮、盆等。

裴介遗址近景

位置　运城市夏县裴介镇裴介村

时代　新石器时代至商代

类型　古文化遗址

崔家河遗址

夏县

位置：运城市夏县埝掌镇崔家河村

时代：新石器时代、夏代、东周

类型：古文化遗址

1965年，被山西省人民委员会公布为第一批省级文物保护单位。

崔家河遗址面积约100万平方米，包含新石器时代、夏代及东周等阶段遗存。

遗址断崖上暴露遗迹有文化层、灰坑、房址和陶窑等。地表采集有仰韶中期的泥质红陶黑彩三角纹盆、敛口钵和线纹重唇小口尖底瓶；仰韶晚期西王村类型的泥质红陶素面折沿盆、夹砂灰陶罐；夏时期东下冯类型的夹砂灰陶绳纹袋足高领鬲、泥质灰陶绳纹斝；东周时期的泥质灰陶广肩罐和器盖等残片。

遗址范围内有一处东周早期贵族墓群。该墓群的发现与发掘丰富了晋南地区的东周考古资料，对研究晋国及三晋历史文化、青铜冶炼技术、埋葬制度等有着重要的价值和意义。

崔家河遗址近景

崔家河遗址出土的陶片

夏县关帝庙

位置：运城市夏县县城

时代：明代

类型：古建筑

2016年，被山西省人民政府公布为第五批省级文物保护单位。

据庙内碑刻、梁架题记和清光绪版《夏县志》记载，夏县关帝庙创建于元至元年间，明清多次修葺。庙坐西朝东，占地面积9000平方米，沿中轴线依次建有山门、牌坊、献殿、正殿。正殿后的圣母殿毁于民国时期火灾。现存建筑均为明建清修。庙内现存明代石碑六通。

山门也作舞楼，面阔三间，进深四椽，单檐悬山顶。前檐额枋镂空雕刻二龙戏珠、祥云图案。

牌坊为二柱单楼式木牌坊，琉璃脊饰。檐下置七踩柱头科和平身科斗栱，柱头科一攒，平身科两攒，柱头科45度出斜栱。

献殿面阔三间，进深四椽，五檩无廊式构架，单檐歇山顶，梁架施彩绘，梁架上有清顺治十年（1653）题记。

正殿面阔三间，进深六椽，四周回廊，重檐歇山顶。殿内平綦彩画精致，绘制内容丰富。

夏县关帝庙与文庙并列，是研究明清以来地方城镇规划与营造的实例，又因其为官办庙宇而享有盛誉，对于研究官办武庙类建筑的规制、特色以及发展演变等具有较高的研究价值。

夏县关帝庙正殿

夏县关帝庙牌坊

苏村五虎庙正殿

位置 运城市夏县瑶峰镇苏解村

时代 明代

类型 古建筑

2021年，被山西省人民政府公布为第六批省级文物保护单位。

据梁架题记，苏村五虎庙建于明嘉靖年间，明万历和清乾隆、道光年间屡次修葺，祭祀蜀汉五虎名将关、张、赵、马、黄。2018年整体修缮。该庙坐北朝南，占地面积736平方米，现仅存正殿为明代建筑。

正殿又名五虎殿，面阔五间，进深四椽，单檐悬山顶，五架梁通檐用二柱，前檐设通额枋，檐下斗栱五踩双下昂，五架梁出耍头。前檐明间、次间设隔扇门，梢间设隔扇窗。庙内现存碑刻两通。

五虎殿柱头施五踩斗栱，雕饰华丽复杂，结构精巧，前檐斗栱形制不同，主次有别，梁架结构粗犷大方，前檐设通额枋，保留了元代建筑遗风；正脊、正吻制作精美繁复，屋刹兼具辟火驱灾的寓意，具有较高的历史、艺术价值。

苏村五虎庙正殿侧立面

苏村五虎庙正殿正立面

虞坂古盐道

位置：运城市平陆县张店镇侯王村卸牛坪自然村

时代：西周、明代

类型：古文化遗址

2013年，被国务院公布为第七批全国重点文物保护单位。

虞坂古盐道是历史上河东盐池的产品运销秦、豫的主要通道。整个盐道依山开凿，一面靠崖，一面临沟，蜿蜒崎岖，全长约8公里，现存遗迹长约3.3公里，路面宽2—4米。

虞坂古盐道为西周初年开凿，明代扩凿，至20世纪50年代废弃。虞坂古盐道是将运城盐湖的池盐运往中原的生命线，在历史上具有重要的战略、经济意义，同时也是晋商的发家之路，是探索河东盐池早期开发史、古代交通史，以及解盐、潞盐运销史的重要遗迹，对于研究古代商贸、盐业发展、交通运输等课题具有重要历史价值。

虞坂古盐道

“伯乐相马”雕像

虞坂古盐道文保标志碑

虞国古城遗址

2013年，被国务院公布为第七批全国重点文物保护单位。

虞国古城遗址平面呈长方形，东西宽约2000米，南北长约2500米，分布面积约500万平方米。据清乾隆版《平陆县志》记载，该城址为春秋时晋献公所灭的古虞国都城。

南北城墙保存较好，其中南墙残长300米，基宽8—15米。墙体夯筑，夯土层厚0.06—0.08米。城中部有东西向的隔城墙，将古城分为南北二城。南城有大型夯土建筑遗址，文化层堆积较厚。城址内发现火膛与文化层，城内曾钻探出大型夯土基址。在城址附近还发现枣园村西周墓群、尧店滑里春秋墓群、北横尖“冢圪塔”（疑为虞君墓）等。在遗址地表采集有东周时期陶片和板瓦。

城址基本轮廓清晰，埋藏丰富，文化遗存保存较好，对研究周代晋文化提供了实物依据。遗址内发现有夹砂红陶、夹砂灰陶，田埂剖面发现火膛与文化层，西城墙外沿有夯土竖穴墓，为研究周代的物质生产和生活方式提供了极为重要的实物资料。

位置 运城市平陆县张店镇古城村

时代 周代

类型 古文化遗址

虞国古城遗址城墙残段

虞国古城遗址文保标志碑

下阳城遗址

位置　运城市平陆县张村镇太阳渡村

时代　周代

类型　古文化遗址

2013年，被国务院公布为第七批全国重点文物保护单位。

下阳城遗址东西宽2000米，南北长3500米，时代主要为东周时期。据清乾隆版《平陆县志》载："金鸡堡当即下阳城也，延袤七里，城内西北隅积石为丘，俗称十二连城。"《左传》记载，晋侯假道以灭虢，灭下阳即此。该城址属虢国之重邑。

下阳，或作"夏阳"，现存遗址为春秋时期遗存城墙，地表残存墙垣数段，其中最长一段长约200米，宽3—5米，残高4—6米，墙体为夯筑。城内发现西周至春秋时期的墓葬，出土铜编钟、鼎、簋、豆、壶、车马器，以及编磬、铜贝、包金贝、货贝、骨贝、铲币、玉器等随葬品。

下阳城遗址面积大，建造时代早，虽城墙损毁较严重，但仍断续可见。墓葬内曾出土过大量的青铜器，这反映了当时社会的审美观念。这些遗迹遗物与河南省三门峡市上村岭虢国墓地具有同等的历史地位，具有较高的历史价值。同时，遗址对研究两周时期虢国历史，下阳城的建造、形制，以及西周贵族墓的埋葬习俗、规制等，提供了珍贵的参考资料，具有十分重要的科学研究价值。

下阳城遗址近景

下阳城遗址文保标志碑

黄河栈道遗址

位置 运城市平陆县三门镇至曹川镇老鸦石沿河北岸

时代 汉代至清代

类型 古文化遗址

2006年，被国务院公布为第六批全国重点文物保护单位。

黄河古栈道依山傍河，由西向东，时断时续，有的长数百米，有的仅数十米，发现古栈道计20余处，累计长3000余米，分布在五一石膏厂、关窑、大祁、杜家庄、西寨、东寨、粮宿、老庄、冯家底、张岭村溜溜窝、煤窑凹、西河渡口、老鸦石13个村庄厂矿范围内。

栈道大多数依山腰向内开凿成“凹”字形通道，然后在通道岩石上开壁孔，再插一木梁，梁上铺板形成完整的栈道。在山崖凸出的栈道拐弯处、内侧岩壁上均发现纤夫挽船时绳索磨下的深深槽痕。栈道上残存壁孔、底孔、桥槽、历代题记、立式转筒等遗迹类型较多，数量丰富，有大小方形壁孔、牛鼻形壁孔1000多个，题记、石刻20余处，立式转筒遗迹10多处。历代题记中，最典型的是五一石膏厂附近的“大唐总章三年正月十五日刘君琮开凿三门”题记和老鸦石段北宋“绍圣元年九月二十日押茶纲大将王佐邦”题记。

黄河古栈道，是区别于长江三峡古栈道、褒斜古栈道的特殊栈道工程。黄河古栈道主要用于纤夫挽船，提高黄河航运效率。也就是说，它的修建废弃与黄河漕运息息相关。而黄河漕运是连接我国古代东西部的重要经济命脉，尤其西汉、唐时期对于稳定京师、救灾备荒、巩固统治起着重要作用。

黄河栈道遗址分布的历代题记中，题记多者200余字，少者仅一字，字体有篆、隶、楷三种。题记中所见年号有建武、贞观、总章、太和、绍圣、元熙、崇祯、道光、宣统等。这些题记是一部镌刻在山石上的史书，真实而永久地记录了我国自秦汉以来黄河漕运的历史。这些文字资料对研究古代黄河栈道修建、黄河漕运、黄河军事布防等具有重要价值。黄河栈道遗址限于用途，除方形壁孔和底孔外，还有牛鼻孔和立式转筒痕迹，其作用是避免纤绳直接磨在岩壁上，降低纤绳磨损程度，提高挽船和漕运效率，增加了纤夫挽船的安全系数。这一发现，对研究黄河漕运设施具有重要意义。

黄河古栈道全景

黄河古栈道绳索槽痕

黄河古栈道壁孔

赵家滑遗址

位置 运城市平陆县常乐镇赵家滑村

时代 新石器时代

类型 古文化遗址

1996年，被山西省人民政府公布为第三批省级文物保护单位。

赵家滑遗址东、南、西三面环沟，面积约50万平方米，时代包含仰韶、庙底沟二期、龙山等阶段遗存。遗址范围内文化层厚0.4—5米，断崖上暴露遗迹有龙山晚期三里桥类型的灰坑和房址等。地表采集遗物丰富，有仰韶中期的泥质红陶黑彩三角纹盆、敛口钵和双唇口尖底瓶，庙底沟二期的泥质灰陶篮纹折肩罐、夹砂灰陶绳纹筒形罐，龙山晚期三里桥类型的夹砂灰陶绳纹袋足鬲和绳纹罐等残片。另采集有石斧、铲、镰、刀、网坠和纺轮等。

赵家滑遗址文保标志碑

赵家滑遗址全景

前庄遗址

位置：运城市平陆县三门镇崖底村前庄自然村

时代：商代

类型：古文化遗址

2004年，被山西省人民政府公布为第四批省级文物保护单位。

前庄遗址位于黄河北岸的高台上，分布面积约1万平方米，地势北高南低，东边10余米的悬崖下是石膏河，西、南两边20米与陡峭的石崖相连，遗址平台如同半岛。

1991年，清理灰坑两座，房址五座，还有同时期文化层，厚0.8—3米。出土器物有青铜礼器，以及各种陶器、石器、骨器、蚌器和卜骨等。陶器主要为泥质灰陶和夹砂灰陶，纹饰有绳纹、附加堆纹、网纹、雷纹和弦纹，器形有鬲、大口尊、瓶、甑、豆、瓮和罐等，另出土有铜针、镞、匕形器、石杵、刀、镰、骨锥等。

采集的铜器有铜鼎、罍和爵等，其中青铜大鼎两件：一件饕餮乳钉纹大方鼎，高0.82米，上腹部有一周凸起细线条构成的饕餮纹，四个腹面左右两边及下端有凸起乳钉纹。鼎腹外四角有明显的铸缝，腹内四角各有一块附加的角板，用以连接鼎腹的四壁。整个方鼎用拼铸法铸造而成。另一件饕餮纹大圆鼎，高0.73米，上腹部饰有带状宽线条饕餮纹，足部饰由细线条构成的饕餮纹，饕餮纹下近足底有三道细弦纹。圆鼎采用浑铸法，由三个腹范加一个底范铸造而成，圆鼎的鼎耳耳芯是由腹芯自带形成的。

前庄遗址出土的圆鼎

前庄遗址出土的罍

北横涧虞国墓地

位置：运城市平陆县张店镇横涧村

时代：周代

类型：古墓葬

2021 年，被山西省人民政府公布为第六批省级文物保护单位。

北横涧虞国墓地墓冢为椭圆形，分布面积 72 平方米。封土夯筑，残高 3 米。该墓地的发现，为我们揭示了虞国的一部分历史真相，有助于我们更全面地了解虞国的文化和社会状况。其墓葬规模和布局反映了当时虞国的丧葬习俗和社会结构，有助于补充和完善关于虞国的历史记载。

北横涧虞国墓地封土

北横涧虞国墓地远景

枣园村古墓群

位置 运城市平陆县张店镇枣园村

时代 西周至汉代

类型 古墓葬

1996年，被山西省人民政府公布为第三批省级文物保护单位。

枣园村古墓群东西长350米，南北宽250米，是一个西周至汉的古墓群。

该墓结构为券顶砖室，墓门向东，方向北偏东89度。主室平面呈长方形，东西长4.65米，南北宽2.25米，高2.1米。南侧有一耳室，深1.7米，宽1.13米，高约1米。主室墓壁高1.08米，以素面条砖单层平铺相错砌成，砖长0.33米，宽0.15米，厚0.05米。拱顶高1.02米，为并列式结构，自墓壁上端起用14道楔形子母砖并列砌成。墓门两旁以素面条砖单砌立墙，门宽约1米，封门亦用单砖相错横砌，铺地砖为条砖相错斜铺。耳室结构同于主室，仅有大小之别。

随葬品方面，墓室内积有0.3厘米厚的淤泥。主室的西南角有棺木痕迹，骨架已残，头向及葬式均不能辨识。墓中共有绿釉陶壶、绿釉陶仓、灰陶罐、铁刀、大泉五十、铜车马饰（器）及残陶甑等器物38件。

这样的砖券洞室壁画墓，在山西还是第一次发现。根据墓室的结构和殉葬品来看，与西汉的形制相近，其中出土“大泉五十”一枚，因为此墓的殉葬品没有东汉后期的，时代初步定为王莽时代或东汉初期。

墓顶北壁青龙图

墓顶南壁白虎图

此墓虽然规模不大，但彩绘壁画较重要。壁画中真实描绘了当时农业生产等情况，为研究我国汉代农业生产发展及当时的社会面貌提供了重要资料。

下坪关帝庙

位置：运城市平陆县曹川镇下坪村

时代：元代、清代

类型：古建筑

2016年，被山西省人民政府公布为第五批省级文物保护单位。

下坪关帝庙是当地人们为纪念关公而集资修建的。创建年代不详，据庙内碑文记载，清乾隆三十五年（1770）、嘉庆二十三年（1818）、道光三十年（1850）和咸丰四年（1854）多次修缮，现存正殿为元代建筑，其他为清代遗构。

关帝庙坐西朝东，东西长56米，南北宽31.4米，占地面积1758.4平方米，建筑面积347.8平方米。呈三进院落布局，沿中轴线从东到西依次建有戏台、献殿、正殿、娘娘殿，两侧对称有廊房各三间。下坪关帝庙为“二开门”，位于戏台南北。

正殿面阔三间，进深四椽，单檐悬山顶，当心间梁架四椽栿通达前后檐用二柱，檐下置柱头铺作和补间铺作，均为四铺作外插昂。戏台建于高1.48米的砖砌台基上，面阔三间，进深四椽，硬山顶，六檩前出廊构架，台口两侧设八字影壁。献殿面阔三间，进深四椽，悬山顶，五檩无廊式构架。娘娘殿面阔三间，进深四椽，前出廊。

庙内现存清咸丰二年（1852）《重修碑记》碑一通。

下坪关帝庙鸟瞰

下坪关帝庙大殿

寺头关帝庙

位置 运城市平陆县曹川镇寺头村

时代 元代至清代

类型 古建筑

2016年，被山西省人民政府公布为第五批省级文物保护单位。

寺头关帝庙创建年代不详，据碑记和梁架题记载，明洪武四年（1371），清顺治二年（1645）、康熙五十八年（1719）、雍正八年（1730）、乾隆六年（1741）和乾隆三十三年（1768）均有重修。现存建筑中正殿为元代建筑，献殿为明代建筑，其余除山门西侧厢房为新建外，皆为清代建筑。

寺头关帝庙坐北朝南，三进院落布局，东西宽40米，南北长70米，占地面积2800平方米，建筑面积600余平方米。中轴线上从南至北建有山门（兼作戏台）、献殿、正殿、春秋楼，一进院山门两侧建有钟鼓楼、厢房、献殿，二进院正殿两侧建有耳房各一座，院内建东西厢房，三进院建有春秋楼，两侧有厢房。

正殿为元代遗构，面阔三间，进深五椽，单檐悬山顶，六檩前廊式构架，鼓镜式柱础，前檐施插廊，前檐置柱头铺作和补间铺作各一朵，均为四铺作外插昂形制，后檐仅设柱头铺作，四铺作单杪。

献殿面阔五间，进深六椽，七檩前后廊式构架。春秋楼面阔一间，进深一椽，单檐歇山顶。春秋楼位于中轴线最北侧，为二层建筑，一层面阔、进深各三间，四周围廊式；二层面阔、进深各一间，灰陶筒瓦屋面，灰陶脊饰，十字歇山顶。

寺头关帝庙大殿

寺头关帝庙鸟瞰

冯家老宅

位置 运城市平陆县曹川镇陡泉村车沟自然村

时代 民国

类型 古建筑

2021年，被山西省人民政府公布为第六批省级文物保护单位。

冯家老宅坐南朝北，面阔三间（明五暗三），进深二椽四檩，有梁架题记“民国拾叁年拾月拾日立柱上梁”。主体建筑分上下两层，建筑面积220平方米。

冯家老宅设计独特，保存完整，前檐墙砖雕花卉图案，做工精美，东影壁墀头镂空砖雕花瓶，正面一层顶施外伸砖檐，具有欧式建筑风格，东山墙砖雕蝙蝠、牡丹。冯家老宅是一处具有代表性的民居建筑，对研究当时社会经济发展和民风民俗提供了实物佐证，具有一定的历史价值。

冯家老宅鸟瞰

冯家老宅正立面

西侯度遗址

位置：运城市芮城县风陵渡镇

时代：旧石器时代

类型：古文化遗址

1988年，被国务院公布为第三批全国重点文物保护单位。

西侯度遗址是东亚地区最早发现的早更新世初期人类文化遗址。1959年被发现，1961年和1962年由山西省文物工作委员会王建先生率队发掘，发现大量早更新世脊椎动物化石、石制品等文化遗物。1978年，由贾兰坡、王建编著的《西侯度——山西更新世早期古文化遗址》，从地层、动物化石断定其地质时代属早更新世，并对出土的32件石制品等文化遗物进行了仔细研究，据此确立了西侯度文化。

60多年来，围绕西侯度遗址最早人类脚踏地（遗址的年代）、石制品人工性质的认定和最早用火遗迹的问题争论不休。

石制品人工性质的认定是学术界关注的焦点。1978年，贾兰坡、王建针对西侯度石制品的特征，提出石制品鉴定的三条标准，并对32件石制品进行了仔细分析和描述。2005年的发掘材料充分说明西侯度遗址的石制品系人类选择的特定原料进行打击的结果，其中一些两端砸击打片的技术特征表明，西侯度的远古居民对于从当地质地坚硬的石英岩原料上打制小型石片，有着较为明确的技术手段，表明西侯度石制品虽然受到河流搬运埋藏的影响，但人类行为及其特征毋庸置疑。

西侯度遗址的年代也是不可回避的问题。1982 年，贾兰坡、卫奇在研究文章中公布了中科院地质所钱方等测定的西侯度遗址古地磁年龄，为距今 180 万年。这是西侯度遗址的首个测年数据。2009—2020 年，利用等时线 Al-26/Be-10 埋藏测年法测定西侯度遗址的年代为距今约 243 万年，使得西侯度遗址成为欧亚大陆（目前所见）最早的有同位素测年证据支持的古人类遗址，证明早在 243 万年前就有人类踏上了这片古老的土地。

西侯度遗址是中国境内已知最早的旧石器时代文化遗存之一，也是亚洲首次发现的属于早更新世初期人类文化遗址，是探索东亚地区最早人类的重要立足点。

西侯度遗址出土的三棱大尖状器

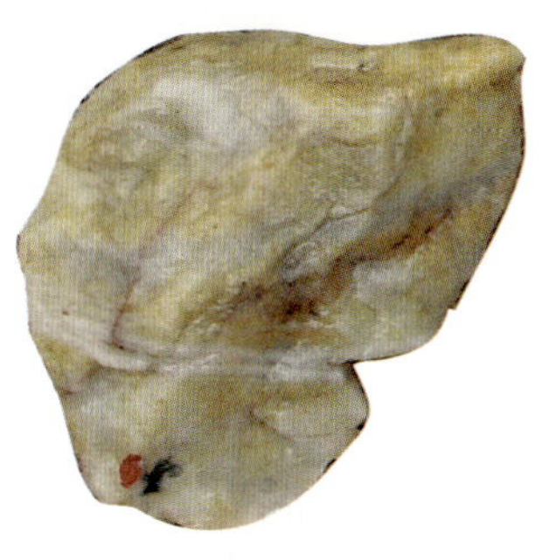

西侯度遗址出土的石制品

西侯度遗址出土的马牙化石

西侯度遗址遗物分布情况

匼河遗址

2013 年，被国务院公布为第七批全国重点文物保护单位。

匼河遗址是一个由 16 个地点组成的旧石器地点群，是华北地区旧石器时代早期匼河文化的代表性遗址，地质时代为距今约 60 万年。

1957 年被发现，1959—1960 年，贾兰坡率队在北起永济独头北沟，南至涧口南沟 13.5 公里范围内，发现了旧石器地点 11 处，并对部分地点进行了重点发掘，出土石核、石片、砍斫器、刮削器、三棱大尖状器、小尖状器和石球等 138 件，与之共存的有肿骨鹿、扁角鹿、水牛、剑齿象、纳玛象等哺乳动物的化石，表明其地质时代属于更新世中期最初阶段。

匼河石器的组合有其自身特点，它上与西侯度文化，下与丁村文化有一定的渊源关系，存在范围较广，除了此处以匼河为中心分布的遗址群，在东面的垣曲，黄河对岸的陕西潼关、河南陕州等区域，亦分布有属于匼河文化的石器地点，因此被称为“匼河文化”。

位置 运城市芮城县风陵渡镇匼河村

时代 旧石器时代

类型 古文化遗址

匼河遗址发掘过程中，在距匼河村东北 3.5 千米的西侯度村后早更新世地层中发现的轴鹿化石和“几件极有可能是人工打击的石块”，引起学术界极大关注。

1961 年，裴文中在《新建设》上发表了《“曙石器”问题的回顾——并论中国猿人文化的一些问题》，引发了一场历时三年之久的中国“曙石器”问题之争。这次讨论表面上是围绕“曙石器”、中国猿人是否为最早人类等问题展开的，很少涉及匼河遗址。但从其时代背景和讨论的实质来看，与匼河遗址的发现密不可分。匼河遗址永远镌刻在寻找探索人类起源，寻找最早人类脚踏地的道路上。

匼河遗址出土的剑齿象牙

坡头遗址

位置 运城市芮城县陌南镇坡头村

时代 新石器时代

类型 古文化遗址

2013年，被国务院公布为第七批全国重点文物保护单位。

坡头遗址发现于1955年，包含仰韶、庙底沟二期、龙山等阶段遗存，此外还有部分二里头、周代、汉代等阶段堆积，遗址面积达到200万平方米，其规模仅次于襄汾陶寺遗址和绛县周家庄遗址。

自1975年首次发现玉器以来，坡头遗址就被高度关注。2002—2003年，山西省考古研究院与国家博物馆对遗址进行了调查。2003—2004年，山西省考古研究院在遗址西部的清凉寺墓地进行了发掘，发现墓葬355座，墓葬排列有序，南北成行，东西成列，同时也存在着比较复杂的打破关系。墓内共出土玉璧、玉钺、玉琮等玉石器200余件，墓葬以随葬玉石器并殉人为特色，可见当时坡头遗址史前先民的埋葬风俗及文化的繁荣程度。

近年发现了该遗址仰韶中期、龙山时期的环壕系统，仰韶中期壕内面积达到70万平方米，龙山时期壕内面积达到200万平方米，两组环壕圈围面积均为目前晋南地区发现的规模最大的聚落之一，为探索该区域文明化进程提供了关键案例。

遗址内发现大量玉器残片和部分制玉工具，证实坡头遗址自庙底沟二期中期伊始就是一处重要的用玉和制玉中心，并将该区域玉器集中出现年代追溯至公元前2500年，表明其与尚玉之风盛行的大汶口晚期人群在时间上存在一定交集，为东方玉文化的西传提供了新证据。

考古发现证实，坡头先民不仅修建了聚落外壕，同时大型墓葬数量及社会等级分化也达到峰值，表明其社会发展也进入鼎盛期，采用了中原传统的墩台式岗哨设施，加强区划构建，与河套城防设施具有异曲同工之处，加之大量具有东方风格的钺、刀、璧、琮等玉器因素涌入，并在黄土高原石峁、陶寺等遗址出现，表明这一时期，从晋南地区的中条山南麓到大青山之下，有着广泛而深入的文化交融，基于此，坡头遗址也成为以中原为中心历史趋势形成前夕的一个重要文化枢纽。

坡头遗址内环壕及墩台设施

坡头遗址墓葬航拍图

坡头遗址中葬式奇特的两座墓

金胜庄遗址

位置 运城市芮城县大王镇小阳村

时代 新石器时代

类型 古文化遗址

2013年，被国务院公布为第七批全国重点文物保护单位。

金胜庄遗址北高南低，东西长约3000米，南北宽约600米，分布面积约180万平方米。

金胜庄遗址于1955年被发现，1958年由中国科学院考古研究所发掘。遗址范围内文化层厚1—3米，地表采集有大量的彩陶、泥质红陶、夹砂红陶、夹砂灰陶残片，纹饰有圆点、弧形三角纹、绳纹、划纹及附加堆纹，器形有尖底瓶、钵、罐、鬲等。另外，还采集有石斧、石铲等。1982年，金胜庄遗址曾出土一件完整的彩陶曲腹罐，为国家一级文物。金胜庄遗址的主体内涵属于庙底沟文化遗存。

金胜庄遗址的分布范围广，文化层包涵器物丰富，为研究晋南新石器时代的历史文化提供了宝贵资料。金胜庄遗址出土有石斧、石铲、陶鼎等器物，这些陶器、石器具有显著的仰韶、龙山文化特征，许多陶器和陶器碎片十分稀有，具有非常重要的科学研究价值和文化价值。

金胜庄遗址采集的石铲

金胜庄遗址采集的陶钵

金胜庄遗址文保标志碑

东庄遗址

位置 运城市芮城县永乐镇永乐村岳村自然村

时代 新石器时代

类型 古文化遗址

2013年，被国务院公布为第七批全国重点文物保护单位。

东庄遗址位于山西最南端黄河北岸一级阶地上，于1955年冬由黄河水库考古队发现，面积约12万平方米，以仰韶早期遗存为主，因其明显有别于半坡文化的陶器特征，故被命名为“仰韶文化东庄类型”。

东庄遗址遗迹类型有房址、灰坑、陶窑、墓葬等。其中，房址为地面起建式，还有口大底小半地穴式房屋，平面略呈圆形，居住面平整，室内东南部有灶坑，中部偏北及周围分布有柱洞，地穴式房屋有斜坡式门道，室内还有袋状窖穴。灰坑有圆形、袋状、锅底状及不规则形。陶窑平面略呈瓢形，拱顶、平底，窑室与火膛无明显分界，属早期横穴式窑。墓葬包括瓮棺婴儿墓、单人葬、双人或多人二次合葬墓。

出土遗物有陶器、石器、骨器等。其中，陶器以泥质红陶为主，兼有少量泥质灰陶、夹砂红陶、夹砂灰陶；纹饰有线纹、附加堆纹、弦纹、席纹、齿状压纹等；彩陶均为黑彩，见于部分碗、钵、盆类和个别带耳罐，彩陶图案有窄条、宽带、弧线、圆点等组成的直角三角形纹和鱼形纹，以各种直角三角形纹最常见，以鱼形纹最突出；器类有钵、浅腹盆、碗、尖底瓶、敞口盆、直腹罐、双耳罐、敛口罐、瓮、器盖等，以钵、浅腹盆、碗最常见。石器有石斧、石锛、石刀、石镞、石纺轮、石弹丸、砺石、石杵及打制石器。骨器有骨镞、骨锥、角镞等。

东庄遗址全景

东庄遗址出土的尖底瓶及彩陶兼具半坡文化与庙底沟文化的特点，关于其时代及性质多有争议。东庄遗址的发现对深入研究仰韶文化的地域类型及探讨庙底沟文化的起源，研究半坡文化与庙底沟文化的关系具有重要意义。

西王村遗址

位置 运城市芮城县风陵渡镇西王村

时代 新石器时代

类型 古文化遗址

2013年，被国务院公布为第七批全国重点文物保护单位。

西王村遗址面积约10万平方米，其史前文化遗存共三期，第一期属于仰韶中期，第二期及第三期为仰韶晚期。

西王村二期的遗存最丰富，大多数为灰坑。由于西王村二期的文化特征比较明显，发掘时间较早，器物种类较齐全，因此一度成为仰韶晚期文化的代表，被以“西王村类型”“西王村文化”等命名，代表了仰韶文化向庙底沟二期文化过渡的一个重要阶段。

西王村遗址第三期虽然只有一个灰坑，但由于发掘时间较早，该坑文化面貌又与庙底沟二期文化早期有不少相似因素，因此获得了单独的文化命名。后随着庙底沟二期文化面貌的逐渐廓清，与仰韶晚期文化在器类、形制、纹饰等方面的区分界限愈加清晰，和西王村第三期面貌相同、文化内涵更加丰富的遗存也多次被发现，现已经明确西王村第三期属于仰韶晚期最末阶段的遗存，与西王村二期形成了晋南地区仰韶晚期遗存文化发展的两个阶段，考虑到器物特征之间存在的差异，此两段间应还存在一定的缺环。

随着各项考古工作的开展，原先被视为一体的仰韶晚期文化现在也可以细分出各种地方类型，比如关中西部的泉护二期类型，豫西的涧口类型、秦王寨类型等新的提法，采用不同的

西王村遗址出土的石质文物

西王村遗址全景

名称也加强了各地对区域文化的归属感和认同感，逐渐细分出了不同地域文化的界限。但就目前来说，西王村遗址的第二、三期遗存仍然代表了晋西南和豫西黄河峡谷地区最典型的仰韶晚期文化遗存的面貌。

古魏城遗址

位置　运城市芮城县古魏镇北

时代　周代

类型　古文化遗址

2013 年，被国务院公布为第七批全国重点文物保护单位。

古魏城遗址平面呈方形，方向正北，东西宽 1197 米，南北长 1203 米，分布面积约 144 万平方米。

经考证，此处当为西周古城址，城址内现存东、南、北三面城墙近乎一条直线，曲折甚少，而西城墙呈拱形，中部向外突出。城墙除西城墙外，一般在地面都能看到，高出地面 1—7 米不等，西城墙遭到贾公、地皇二泉的严重冲刷，已残破不堪。

古魏城历史悠久，源远流长，为芮城八景中“魏城春色”所在，现在的柴涧村系古魏城的柴市，令花村系古魏国的伶园，均有碑记可考。该遗址为研究西周时期分封领地、诸侯关系、城市建造等提供了有力的实物依据。

古魏城遗址西城墙夯土层

古魏城遗址南城墙残段

广仁王庙

位置 运城市芮城县古魏镇城南村中龙泉自然村

时代 唐代

类型 古建筑

2001年，被国务院公布为第五批全国重点文物保护单位。

广仁王庙，又称“五龙庙”，坐北朝南，南北长52米，东西宽38米，占地面积1976平方米。中轴线上原有正殿、厢房和乐楼，厢房已毁，现仅存正殿与乐楼。正殿为唐代建筑，乐楼为清代建筑。

正殿创建于唐大和六年（832），面阔五间，进深三椽，单檐歇山顶，屋顶坡度平缓，梁架结构简洁，为彻上露明造，柱头施阑额，仅设柱头斗栱，五铺作双杪偷心造，无补间斗栱。

正殿前檐东侧嵌唐代碑刻两通：一为唐元和三年（808）的《广仁王龙泉记》，一为唐大和六年的《龙泉记》。《广仁王龙泉记》为乡贡进士张铸撰文，河东望族裴少微书丹。碑文概述唐代龙泉村创建缘由及设施，并记载了“邑大夫于公”勤于治政、疏泉造池、兴修水利、造福于民的仁德，是研究唐代地方水利史的重要史料。另外，庙内还保存清代重修碑三通。

广仁王庙正殿是我国现存三座唐代木构建筑之一，对研究唐代建筑的发展水平具有极高价值。

广仁王庙鸟瞰

广仁王庙大殿（修缮前）

广仁王庙大殿正立面

巷口寿圣寺砖塔

位置 运城市芮城县古魏镇庙底村巷口自然村

时代 宋代

类型 古建筑

2013年，被国务院公布为第七批全国重点文物保护单位。

巷口寿圣寺砖塔，宋熙宁八年（1075）建，宋元符二年（1099）、明洪武五年（1372）、明弘治五年（1492）均有重修。寿圣寺原寺坐北朝南，沿中轴线从南至北依次为大鹏鸟雕像、三清殿、佛塔、全神殿。寺门开在东南角，寺院建有东西配殿及法堂。现仅存砖塔一座。

砖塔为仿木构形制楼阁式砖塔，平面呈八角形，内部中空，13层，高约47米。最下层塔身比较高大，塔内直径4.05米，南面开门。2—13层四面设假门，向上逐层收分，成一锥状轮廓。下三层塔檐用砖作斗栱，完全仿木结构形制，保持唐塔叠涩出檐的遗风。最上为铁钵覆顶，铁钵铭为："大宋熙宁八年三月二十八日铸造……"塔内壁残存宋代壁画，内容为佛、菩萨、供养人等，为宋代画风。此外，内壁上还有元、明时期名人题记。

此塔形制实处楼阁式与密檐式之间，又为空筒式唐塔过渡到藏梯于壁体或塔心的宋塔之间的形式。巷口寿圣寺砖塔的造型、结构有北宋时期的鲜明特点，具有重要的历史价值。

巷口寿圣寺砖塔全景

巷口寿圣寺砖塔斗栱

巷口寿圣寺砖塔鸟瞰

芮城城隍庙

位置：运城市芮城县古魏镇

时代：北宋至清代

类型：古建筑

2001年，被国务院公布为第五批全国重点文物保护单位。

芮城城隍庙，俗称“南庙”。据民国版《芮城县志》载，该庙创建于宋大中祥符年间，历代皆有重修。

芮城城隍庙坐北朝南，沿中轴线由南至北依次有山门、戏台、享亭、献殿、大殿、寝殿。山门和戏台毁于民国初年，现存主要建筑有享亭，享亭两侧各有廊房九间，献殿、大殿、寝殿，寝殿两侧各有厢房三间。

大殿为城隍庙主要建筑，创建于宋代，面阔五间，进深三椽，平面呈长方形，单檐歇山顶，柱头五铺作双下昂斗栱，补间斗栱各一朵，为五铺作单杪单下昂，劈竹式昂嘴，蚂蚱形要头，屋架举折平缓，其歇山部分的“二龙戏珠”琉璃山花为明嘉靖三十年（1551）立。大殿形制古朴典雅，雄伟壮观，除少量构件更换外，大木构件及斗栱仍为宋代遗物。

城隍庙主要建筑保存较为完整，集宋、元、明、清四代建筑风貌于一处，结构严谨，布局得当，雄浑壮丽，风姿各异，具有较高的文物价值。

芮城城隍庙牌楼、山门

芮城城隍庙鸟瞰

芮城城隍庙享亭

永乐宫

位置　运城市芮城县古魏镇城南村

时代　元代、清代

类型　古建筑

1961年，被国务院公布为第一批全国重点文物保护单位。

永乐宫，原名“大纯阳万寿宫”，属道教全真教祖庭，主要供奉全真教祖师吕洞宾。永乐宫于元贵由二年（1247）动工兴建，元至正十八年（1358）竣工，金大定八年（1168）毁于火灾，后重建。元中统三年（1262）扩为大纯阳万寿宫，各代均有修葺。永乐宫原位于芮城县城西20公里的永乐镇，1959年，国家实施大型水利工程三门峡水库建设，因地处淹没区，国务院批准将其整体搬迁至现址。

永乐宫坐北朝南，占地面积15.02万平方米，规模宏大，气势雄伟。中轴线上从南至北建有山门、龙虎殿、三清殿、纯阳殿、重阳殿，除山门为清代建筑外，其余均为元代遗构，为国内目前保存最完整的一组元代建筑。其中，龙虎殿为原永乐宫的山门，三清殿、纯阳殿和重阳殿三座大殿均建于高大的台基之上，有甬道相连，两侧不设廊屋和配殿，四周砌筑围墙两道，将宫内建筑分成三道轴线，并以中轴线为对称轴。

龙虎殿，另有“无极门”之名，兼作戏台，元至元三十一年（1294）建成，是永乐宫初建时的宫门。面阔五间，进深六椽，五檩无廊式构架，单檐庑殿顶，筒板瓦覆顶，琉璃剪边。柱头微显卷杀，覆盆式柱础，四周檐柱有显著的侧脚生起。

三清殿又称“无极殿”，是永乐宫中等级最高的建筑，面阔七间，进深四间八椽，梁架结构为前后四椽栿通檐用四柱，单檐庑殿顶。

永乐宫三清殿

永乐宫纯阳殿

纯阳殿又称“混成殿”，面阔五间，进深三间八椽，单椽歇山顶。殿宇深度自前至后逐间缩小，前后檐梢间不对等，为平面布局中的罕见之例。

重阳殿又名“士真殿”或“袭明殿”，面阔五间，进深四间六椽，梁架结构为前五椽栿对后乳栿用三柱，单檐歇山顶。

龙虎殿、三清殿、纯阳殿、重阳殿均有精美的元代壁画，总面积达1076.52平方米，是中国绘画史上的杰作，特别是三清殿内保存的朝元图，长达百米，高达5米，是我国现存最大的古代人物画。永乐宫现存西魏至清碑碣47通（方），元代石狮两尊，元代悬塑两尊，元、明、清题记39方，清代匾额1方。

永乐宫无极之殿《朝元图》西壁壁画

永乐宫鸟瞰

清凉寺

位置 运城市芮城县陌南镇坡头村

时代 元代

类型 古建筑

2001年，被国务院公布为第五批全国重点文物保护单位。

清凉寺创建于元大德七年（1303），明清时期多次重修。该寺坐北朝南，原有大殿、配殿、二殿、山门等建筑。

现仅存大殿一座，面阔五间，进深八椽，单檐悬山顶，前后乳栿对四椽栿用四柱，柱头斗栱为五铺作双下昂，殿内彻上露明造，明间、次间采用不同构架，殿内空间形式比较独特，元代建筑特点显著。

寺内尚存碑刻12通，其中元碑5通，明碑3通，清碑4通。

清凉寺鸟瞰

清凉寺大殿斗栱

清凉寺大殿

礼教遗址

位置 运城市芮城县古魏镇窑头村

时代 新石器时代

类型 古文化遗址

2021 年，被山西省人民政府公布为第六批省级文物保护单位。

礼教遗址位于黄河北岸台地上，东西长约 500 米，南北宽约 300 米，面积约 15 万平方米，包括新石器时代、夏代、东周等阶段文化遗存。

礼教遗址现整体保存较为完好，断面暴露有一些文化层，厚 1.2 米。最下层是龙山文化层，厚 0.8—1.3 米，个别地方达 1.6 米；其上是夏代及东周文化层，因后期遭破坏，保存不佳，一般厚度不超过 0.5 米。

在遗址内采集有夹砂红陶绳纹、泥质灰陶绳纹、篮纹残片，陶鬲残片及石斧残段，器形有袋足鬲、斝、罐、盆、豆和盘等。发现动物遗骨较多。1958 年，黄河水库考古队曾对遗址进行发掘，清理房址 1 座，灰坑 19 座。其中，房址为半地穴式，地面为硬土面， 但在遗址的钻探中，也偶尔发现有白灰面的残片。

礼教遗址的发掘，使我们对晋西南地区龙山晚期文化的面貌有了初步的认识，为后来的研究提供了重要资料。

礼教遗址出土的陶纺轮

礼教遗址出土的石斧

礼教遗址文化层

坑头墓地

位置　运城市芮城县古魏镇坑头村

时代　西周

类型　古墓葬

2016年，被山西省人民政府公布为第五批省级文物保护单位。

坑头墓地面积约3.42万平方米，墓葬形制为口小底大的竖穴土坑墓，南北成行，东西成列，分布规整。这种独特的墓葬形制对于研究西周时期的丧葬习俗和墓葬制度具有重要价值。

坑头墓地出土器物有青铜鼎、簋、盉、编钟等。这些文物的发现对于研究西周时期的社会、经济、文化具有重要意义。特别是作为西周贵族墓，坑头墓地为研究西周封国制度提供了重要实物资料，具有较强的史料价值。

坑头墓地全景

坑头墓地文保标志碑

柴涧墓地

位置：运城市芮城县古魏镇柴涧村

时代：西周

类型：古墓葬

2021 年，被山西省人民政府公布为第六批省级文物保护单位。

柴涧墓地属于古魏城的一部分。该墓地南北宽约 150 米，东西长约 200 米，分布面积约 3 万平方米。

柴涧墓地的发掘，可以让我们了解当时人们的生活习俗、丧葬制度、生产力水平等关键信息，为研究西周时期的社会结构和文化提供了重要的实物资料，是研究西周社会历史和文化发展的重要实物证据之一。

柴涧墓地出土的叔伐父鼎

柴涧墓地出土的叔向父簋

芮城文庙大成殿

运城市芮城县政府大院

明代

古建筑

2021 年，被山西省人民政府公布为第六批省级文物保护单位。

芮城文庙创建于金代，明代改建。庙内原有山门、泮池、棂星门、琉璃团龙影壁、明伦堂及大成殿，现仅存大成殿。据民国版《芮城县志》记载，文圣庙旧址在县城东南隅，金天会六年（1128），兵毁。天会八年（1130），芮城县知事朱洗马建于城东现址。明代进行过较大的改建。芮城文庙坐北朝南，占地面积约 2000 平方米，建筑面积 369.6 平方米。

大成殿坐北朝南，面阔七间，进深六椽，单檐歇山顶。梁架结构为七架梁通檐用三柱。三架梁与四椽栿之间以矮柱相隔，四椽栿与六椽栿之间以合楂相稳固。平梁中心立侏儒柱，两侧施叉手。柱头卷杀，檐下施额枋与平板枋，其上置七踩三下昂斗栱，蚂蚱形耍头。当心间、次间、梢间皆一攒平身科。后檐及两山面亦施有斗栱，有柱头科而无平身科，皆为七踩三翘斗栱。屋面为灰陶筒板瓦屋面，琉璃脊兽，勾滴剪边。琉璃脊筒饰牡丹花，两端矗立大吻各一，下部吞口衔着脊身，吻身装饰鳞甲。吻上置蟠龙，吻后挂脊兽。正脊中心置天宫楼阁式脊刹，两端施吞口，吞口上分别立狮子、大象驮宝瓶。大吻两侧依前后屋面坡度置垂脊各一条，垂脊外侧设排山勾滴。

芮城文庙大成殿为研究金、明两代建筑形制特征提供了重要的实物例证。

芮城文庙大成殿梁架

芮城文庙大成殿正立面

东吕关帝庙

运城市芮城县东垆乡东吕村

清代

古建筑

2016年，被山西省人民政府公布为第五批省级文物保护单位。

东吕关帝庙坐北朝南，占地面积921.2平方米，为清代建筑。庙内原有建筑从北到南依次为寝殿、大殿、献殿、戏台、照壁，现存大殿与戏台。

大殿面阔七间，进深两椽，单檐硬山顶，三檩无廊式构架，台基高0.63米，前檐施装饰性斗栱，梁架上饰雕花柁峰并墨绘云龙纹图案。

戏台面阔九间，进深五椽，单檐硬山顶，五檩前廊式构架，中隔两墙，分为三台，各为三间，建于高1.85米的长方形台基上。

庙内现存元代石狮一个、元碑一通、清碑三通。

东吕关帝庙保存较为完整，其中戏台形成前檐三台联袂之状，平面布局独特，且数量稀少，体现了清代为适应戏曲演出而对戏台所做的革新。

东吕关帝庙鸟瞰

东吕关帝庙大殿正立面

解梁故城遗址

位置：运城市永济市开张镇古城村

时代：东周

类型：古文化遗址

2019年，被国务院公布为第八批全国重点文物保护单位。

解梁故城，亦名“智城”“虞乡故城”。城址东西长约1500米，南北宽约1400米，分布面积约210万平方米。相传为春秋时期晋国后期四卿之一智伯所建。城垣总长约3500米，残高4—15米，顶宽0.6—5米，墙基厚15—50米，夯层厚0.06—0.25米，局部夯窝明显。城壕宽约30米，深1—1.5米。

解梁故城遗址文保标志碑

解梁故城遗址鸟瞰

解梁故城遗址夯窝

蒲津渡与蒲州故城遗址

永济市

位置 运城市永济市蒲州镇西厢村

时代 北朝至明代

类型 古文化遗址

2001 年，被国务院公布为第五批全国重点文物保护单位。

蒲津渡与蒲州故城遗址位于黄河之滨，是北朝至明代古渡与故城遗址。

蒲津渡是黄河中游古代三大渡口之一，是古代连接河东与关中的重要通道。历朝历代多次在蒲津造桥，以通河之东西，最著名的当属唐开元年间重修的蒲津渡浮桥。

蒲州故城遗址分东、西两城，占地面积 438 万平方米。据考，建城时间始于北朝，唐时最为繁盛，曾两建中都，为四辅之一，与陕、郑、汴、怀、绛并称“六大雄城”。金正大八年（1231），元兵攻城，金将截城之半，留守内城，即今所见东、西二城的格局。此后各朝，以西城为主要城池。历代黄河的泥沙堆积和自然条件变迁，使得城内的街道体系和古建筑遗迹均被埋于地下，现地表残存的遗迹有东城夯土城墙、东北角楼及西城砖包夯土城墙、鼓楼及城门、瓮城遗址。

蒲州故城迄今的考古工作以寻找唐城为切入点，2013 年，在东城城内东南部首次发现唐代地层，揭示出该区域唐至宋金时期的地层堆积序列，出土了数量丰富的唐、五代时期的遗物，为研究唐代蒲州城的社会生活提供了可靠的实物资料。2015—2016 年，西北部发现北朝至唐代的城墙遗迹，根据出土遗物判断，该段城墙的始筑年代为北朝，唐代沿用并在局部进行大规模增筑，至宋金时期，其墙体功能基本废弃。

蒲津渡遗址

蒲州故城遗址东侧东城墙发掘区

蒲州故城遗址北朝至唐夯土城墙鸟瞰

蒲州故城遗址出土的唐白釉三足盘

蒲州故城遗址出土的唐黄釉瓷碗

栖岩寺塔林

位置：运城市永济市韩阳镇栖岩村

时代：唐代至清代

类型：古建筑

2019年，被国务院公布为第八批全国重点文物保护单位。

据清乾隆版《蒲州府志》载，栖岩寺初名“灵居寺”，创建于北周建德年间，隋仁寿元年（601）改今名。隋唐时，栖岩寺在河东诸寺中最负盛名，隋文帝曾以外国所赠玛瑙盏施寺为供，唐玄宗曾来寺避暑，唐代名士多有题咏。原寺分上、中、下三寺，现皆毁。现存原石门洞、栈道、望川亭、佛殿等遗址及塔群。

栖岩寺塔林鸟瞰

塔群中有唐大禅师塔一座，五代后唐石塔一座，宋代舍利塔一座，元代六角二层砖塔两座及明、清禅师塔 21 座。除宋塔高居西峰外，其余各塔身居东草坪。原存隋唐至明清时期碑刻 10 余通，现遗址中仅存明碑两通，栖岩村内存明碑一通，永济市博物馆内存隋《栖岩道场舍利塔碑》一通及宋范纯仁题名碑一通。

栖岩寺塔林基本保留历史原构，是研究晋南地区佛塔建筑形制和工艺演变的珍贵遗存。

栖岩寺塔林近景

栖岩寺塔林宋代舍利塔

普救寺塔

位置 运城市永济市蒲州镇西厢村

时代 明代

类型 古建筑

2019年，被国务院公布为第八批全国重点文物保护单位。

普救寺创建年代不详，据历代《蒲州府志》及碑记载，隋唐时期曾扩建、修补，唐名“西永清院”，宋至清历代修葺，元代杂剧《西厢记》的素材即源于此。明嘉靖三十四年（1555），寺塔毁于地震；嘉靖四十一年（1562），蒲州知州张佳胤重修寺塔。1920年，寺毁于火灾，仅存砖塔及菩萨洞三眼，皆为明代遗构。1986—1990年，在唐宋建筑基址上仿古重建普救寺。

普救寺塔平面呈方形，共13层，塔身高39.5米，塔底层每边边长8.35米。塔内部为四方空筒形，一层塔室不设楼梯，室顶砌作叠涩八角穹隆，中有一孔，可通上层。2—9层塔壁间有转角通道，内设台阶可盘旋至9层。二层以上四面辟门，真假相间。9—13层塔壁间不设甬道。塔刹形似葫芦，高约2米。塔外壁叠涩出檐13层，四角悬挂风铃。

寺内存宋、金、明、清历代碑刻、塔碣19通（方）。

普救寺塔基本保留了明代砖塔形制，是明代密檐式中空砖塔的典型代表，对于研究明代砖塔类型建筑提供了宝贵资料和可靠依据。

普救寺塔鸟瞰

普救寺塔远景

普救寺塔砖雕

永济万固寺

位置：运城市永济市蒲州镇鹿峪村胜利庄自然村

时代：明代

类型：古建筑

2019年，被国务院公布为第八批全国重点文物保护单位。

据碑记载，永济万固寺创建于北魏正光三年（522），唐大中八年（854）重建，宋代为河东名刹，明洪武、天顺年间多次重修，明嘉靖三十四年（1555）毁于地震，万历年间重修，时称“中条第一禅林”。现存为明代建筑风格。万固寺坐东朝西，依山而建，占地面积约2万平方米。沿中轴线现仅存药师洞、多宝佛塔、无量殿。原山门建于中轴线偏东，现已改建为天王殿。

药师洞依崖而建，青砖拱门，洞内供奉药师琉璃光如来。此洞始建于北魏正光三年。

多宝佛塔，为八角十三层，高54.8米。塔南侧嵌有石额，额上有万历十四年（1586）刻“多宝佛塔”字样。这座塔建在八角形台基上，四面设有入口。塔身细长，各层均设有假门、假窗。各层塔檐由砖砌叠涩和上面的覆瓦构成，只有第一层建有砖砌的斗栱，充分体现了明末万历时期的建筑风格。

无量殿位于多宝佛塔背面，依崖而构，两层三佛洞，仿木结构，皆用青砖砌筑，无一大梁。下三洞的“极乐世界”三洞相通，内供三大佛像，两侧洞有盘旋通道可通往二层。上三洞皆用砖砌就，顶部为穹隆藻井，洞前平台相通，两侧墙上砖雕“双龙戏珠”及五彩祥云，栩栩如生。洞前砌有宽阔的高台基。筒板瓦琉璃屋顶。

永济万固寺多宝佛塔

寺内保存有宋、金、元、明、清碑刻21通，毗卢阁水陆石刻4方。

永济万固寺留存了大量精美细致的砖雕及石刻，无量殿更是结构独特，是中国无梁殿砖作建筑的代表作，是研究明代砖结构建筑的重要实物资料。

永济万固寺无量殿

永济万固寺鸟瞰

永济扁鹊庙

位置 运城市永济市虞乡镇洗马村

时代 明代

类型 古建筑

2019年，被国务院公布为第八批全国重点文物保护单位。

扁鹊庙创建年代不详，据碑记载，唐咸通二年（861），明万历二十四年（1596），清康熙、光绪年间及1928年皆重修庙宇。原分东、西两庙，庙间建有扁鹊墓。现存东庙、扁鹊墓。

东庙坐北朝南，沿中轴线现存献殿、正殿。献殿为清代建筑风格，面阔五间，进深二椽，单檐硬山顶，各间置四扇六抹头隔扇门。正殿为明代重建，面阔三间，进深三椽，两侧附耳室，单檐硬山顶。殿内建神台、暖阁，供扁鹊、弟子及中国历史上十大名医彩塑。东西耳室供扁鹊，弟子子阳、子豹及侍从塑像。扁鹊墓位于扁鹊庙西侧。墓冢高1.7米，周长近47米，呈圆锥形。冢旁立有宋大观元年（1107）“扁鹊墓”石碑一通，石羊东西各一只。

庙内彩塑总计20尊，均为明代作品。另存有明代蟠龙柱一根及唐、明、清、民国重修碑刻7通。

永济扁鹊庙各建筑基本保持了明代的建筑形制，材料和工艺特点方面保留了历史原状，具有鲜明的时代特色，是晋南地区重要的明代古建筑群。现存彩塑，包括古代十大名医、金童玉女等，造像端庄，手法细腻，线条流畅，着色考究，保存完好，是晋南地区明代塑像佳作。

永济扁鹊庙山门

永济扁鹊庙献殿

永济扁鹊庙正殿内塑像

董村戏台

位置　运城市永济市卿头镇董村

时代　明代

类型　古建筑

2019年，被国务院公布为第八批全国重点文物保护单位。

据碑记载，董村戏台创建于元至治二年（1322），明代以及清康熙十五年（1676）、乾隆十六年（1751）、嘉庆二十四年（1819）皆曾重修。戏台坐南朝北，占地面积110.3平方米。原为三郎庙附属建筑，现庙已毁，仅存戏台。

戏台面阔三间，进深四椽，单檐歇山顶。条石台基，前檐柱头施五铺作双昂斗栱，当心间出45度斜昂，台中置隔扇，上悬光绪二年（1876）“遏云楼”牌匾。另存康熙十五年《重修乐楼记碑》一通。

董村戏台形制、结构保存较为完整，木雕精致，是研究中国古代戏台建制及戏曲发展的重要实物资料。

董村戏台全景

董村戏台斗栱

董村戏台梁架

东姚温牌坊

位置 运城市永济市城西街道东姚温村

时代 明代至清代

类型 古建筑

2019年，被国务院公布为第八批全国重点文物保护单位。

东姚温牌坊现存砖、石牌坊各一座。

东姚温砖牌坊坐西朝东，创建于清乾隆四十年（1775），为旌表故太学士孟庭之妻王氏的节孝坊。牌坊四柱三楼，面阔11.5米，进深2.7米，高12米。砖砌圆形柱，每间砌圆拱形门，两次间为假门，单檐歇山顶。檐部仿木结构砖雕斗栱，单额枋上悬砖匾一方，内刻“圣旨”二字。中部浅雕楷书横匾一方，上刻“清标彤管”。坊身砖雕二十四孝图、八仙人物及飞禽走兽等图案，共计164幅，内容丰富，每幅砖雕细致传神，雕刻精湛，蕴含浓厚的封建节孝思想，堪称民间砖雕艺术之瑰宝。

东姚温石牌坊坐西朝东，创建于明崇祯元年（1628），为旌表蒲州故民卫武之妻张氏的节孝坊。牌坊四柱三间五楼式，面阔9.5米，进深2.7米，通高9米，单檐庑殿顶。该牌坊由80余块青石构成，中柱及边柱皆为方形石柱，下各置束腰须弥式基石和抱柱石，其上雕刻幼狮相戏。明楼及次楼檐下均隐刻五踩双翘斗栱。额枋剔地起突雕有屋形龛、妇女半掩门图、马车出行图及行龙飞凤等图案。牌坊正、背面均置石匾三方，楹联一副，内容相同，单额枋上为“圣旨”竖匾，龙门枋上浮雕楷书“诏恩褒节”。

东姚温牌坊结构独特，砖石雕刻精美，雕技精湛，是研究当地明清建筑风格变迁不可多得的生动实例。

东姚温石牌坊

东姚温牌坊鸟瞰

东姚温砖牌坊

石庄遗址

位置 运城市永济市蒲州镇石庄村

时代 新石器时代

类型 古文化遗址

1965年，被山西省人民委员会公布为第一批省级文物保护单位。

石庄遗址分布面积约20万平方米。1954年，调查并局部发掘。文化层厚0.2—3米，出土和采集陶器有罐、盆，石器有斧、锛、凿等，以及大量彩陶残片，属于典型的庙底沟类型文化。1973年秋，中国社会科学院考古研究所派人来此考察，发现灰坑24处，并有草拌泥红烧土，遗物有石斧、石锛之类，陶器有加砂灰褐陶仓、陶灶、绳纹陶罐等。1980年，山西省考古研究所再次调查，采集有穿空磨制石铲、石刀、蚌铲等，陶器有双腹盆、单耳杯、平底罐、钵、杯等。1983年，中国社会科学院考古研究所和县博物馆再次深入考察，采集有泥质红陶、橙黄陶、夹砂红陶和夹砂褐陶片，其纹饰有绳纹、线纹、黑彩、素面，器形有尖底瓶、罐、敛口钵、宽沿盆和平沿盆等。

石庄遗址的发现，对研究永济市在石器时代人类的生产生活提供了丰富的资料。

石庄遗址灰坑

赵杏古墓群

位置 运城市永济市城北街道赵杏村

时代 东周至汉代、唐代

类型 古墓葬

1996年，被山西省人民政府公布为第三批省级文物保护单位。

赵杏古墓群是一处东周至汉唐时期的古墓群。

墓群地表现存圆形封土两座，底径9—12米，残高2.5—4米。1993年，清理战国土坑竖穴墓80余座，车马坑6座，汉代砖室墓10座。其中，战国墓出土有铜制鼎、豆、壶、匜、盘，陶制鼎、豆、壶、罐和甑等，汉墓出土有陶制罐、壶、盆及猪、狗、鸡等动物俑。

赵杏古墓群鸟瞰

晓朝村汉墓群

位置：运城市永济市城北街道晓朝村庞家堡

时代：汉代

类型：古墓葬

1965 年，被山西省人民委员会公布为第一批省级文物保护单位。

晓朝村汉墓群面积约 75 万平方米，为汉代古墓群。地表原存圆形封土 9 座，已夷平。1979 年，清理残墓 1 座，砖室穹隆顶，出土有陶罐和灶等。

晓朝村汉墓群出土的陶器

高市村汉墓群

1965 年，被山西省人民委员会公布为第一批省级文物保护单位。

高市村汉墓群面积约 4.5 万平方米，为汉代古墓群。地表原存圆形封土 8 座，现仅存 1 座，底径约 5 米，残高约 3 米。地表采集有陶罐、盆及绳纹墓砖等残片。

位置　运城市永济市栲栳镇高市村

时代　汉代

类型　古墓葬

高市村汉墓群全景

赵睿冲墓

位置 运城市永济市城东街道孙常村

时代 唐代

类型 古墓葬

2021年，被山西省人民政府公布为第六批省级文物保护单位。

赵睿冲（659—711），唐代天水人，官同州河西县（今陕西省渭南市大荔县）县丞，赠虢州（今河南省三门峡市灵宝市）刺史、太常卿。清光绪版《山西通志》载：“太常卿赵睿冲墓……并在虞乡县西五老原。”

赵睿冲墓南北长50米，东西宽20米，面积约1000平方米。地表现存神道碑一通，青石质，螭首长方石座，通高3.43米，宽0.97米，厚0.25米。正面碑额篆书“唐赠太常卿天水赵公神道碑”，碑文书“唐故□□□□县丞赠虢州刺史太常卿天水赵公神道碑并序”“兵部郎中安阳邵说撰”“左卫率府兵曹集贤殿待诏琅琊王瑀书并撰额”，唐大历四年（769）立石，主要记述赵睿冲生平事迹。碑阴书“虞乡县方山乡五老原”，主要记述赵氏世袭官爵及坟茔方位。唐大历四年立石，元延祐五年（1318）重刻。

赵睿冲墓地的神道碑具有一定的历史、书法艺术价值。该碑应是原址发掘，准确再现了“方山乡五老原”的历史地名所在地。

赵睿冲墓神道碑碑阳拓片

赵睿冲墓神道碑碑阴拓片

伯夷叔齐墓

永济市

位置 运城市永济市韩阳镇长旺村

时代 周代

类型 古墓葬

1996年，被山西省人民政府公布为第三批省级文物保护单位。

伯夷叔齐墓为商末贤人伯夷、叔齐之墓。《史记·伯夷列传》载：“……伯夷、叔齐耻之，义不食周粟，隐于首阳山，采薇而食之。”墓地面积约1.5万平方米，地表现存圆形封土两座，底径10—11米，残高3—3.5米。墓前原有祠，已毁，存历代碑刻多通。清光绪版《山西通志》载，“伯夷叔齐墓，在永济县南”。

伯夷叔齐墓文保标志碑

伯夷叔齐墓封土

杨博墓

位置 运城市永济市蒲州镇王庄村

时代 明代

类型 古墓葬

1965 年，被山西省人民委员会公布为第一批省级文物保护单位。

杨博墓为杨博家族墓地。墓地东西宽约 300 米，南北长约 500 米，面积约 15 万平方米。

杨博（1509—1574），永济新乐庄人，字惟约。嘉靖八年（1529）进士，官至蓟辽总督、吏部尚书兼理兵部事，谥襄毅。

原有 13 个墓冢，巨碑 24 通及石人、石马、石羊等，地表建有山门、献殿、围墙等建筑。地面建筑原有内墙，为砖石结构，外墙为夯土修筑。墙内前有山门，中有石像生、献殿、左右配殿，后为墓地，两侧为桃园。墓冢在历史上多次被盗，兵燹中建筑物被毁，墓室大部分遭严重破坏，现地面建筑无存，仅留部分残碑。

杨博墓是杨博一生功绩和地位的象征，是研究杨博生平事迹和明代历史文化的重要实物资料。

杨博墓文保标志碑

韩楫墓

位置 运城市永济市韩阳镇盘底村祁家坡村

时代 明代

类型 古墓葬

1986年，被山西省人民政府公布为第二批省级文物保护单位。

韩楫墓东西长180米，南北宽80米。墓室由水磨青石砌成，分主室、左右侧室与耳室、前室，东西深16米，南北宽22米。

韩楫（1528—1605），蒲州人，字伯通，明嘉靖四十四年（1565）进士。墓室内有“明故中议大夫通政使司右通政元川韩公墓志铭”“皇明中议大夫提督腾黄通政使朝公行状”“南山逸叟自志”“奉天效命”“明韩孺人圹记”碑碣五方，出土有瓷罐、碗等10多件随葬品。

韩楫墓是明代望族韩氏祖墓的一部分，为我们提供了研究明代历史、政治制度、社会阶层以及家族文化等方面的珍贵实物资料。墓葬中的石刻、石雕等文物，反映了明代工匠的高超技艺和审美观念，具有极高的文化价值和艺术价值。

韩楫墓远景

孟桐墓

位置：运城市永济市蒲州镇王庄村

时代：明代

类型：古墓葬

2004年，被山西省人民政府公布为第四批省级文物保护单位。

孟桐墓是明代礼部尚书、翰林院大学士孟桐及其家族墓地。该墓地坐南朝北，南北长190米，东西宽80米。

墓地原存圆形封土13座，墓碑13通，现存封土4座，墓碑8通。其中圆形封土底径10—16米，残高约3.5米，墓碑有《孟封公传碑》《奉天敕命碑》《奉天诰命碑》《孟公峰先生赞碑》《各茔树株碑》等。墓地四周砌有高约4米的围墙，北部砌有门楼，围墙内现存石牌坊一座。另，村民家中存有1924年《蒲阳孟氏族谱》。

孟桐墓墓园建于明代，历史悠久，形制规整，规模庞大，是明代蒲州五大家族（张、王、韩、杨、孟）中仅存的家族墓园，更是运城乃至山西省内规制风貌保存极好的明代名人家族墓葬群的珍贵资料，是研究明代礼法制度、丧葬文化、社会风俗以及孟桐家族历史极其珍贵的实物资料。

孟桐墓外景

孟桐墓文保标志碑

杨瞻墓

位置：运城市永济市蒲州镇王庄村

时代：明代

类型：古墓葬

2004年，被山西省人民政府公布为第四批省级文物保护单位。

杨瞻墓南北长200米，东西宽80米，为明代四川巡按使杨瞻及其家族的墓地。

杨瞻（1491—1538），字叔俊，号舜原，蒲州人，宰相杨博之父，曾任四川按察佥事等。墓地坐南朝北，原存13个墓冢，碑刻28通及石人、石马、石羊等石像生，地面建有牌楼、山门、大殿等建筑。现地表存封土一座，碑刻8通，石人、石马各一尊，石狮一对，另出土有《杨瞻墓表》《杨毓庵墓志》《杨毓庵传碑》《杨奎楼墓志铭》《杨介庵墓志铭》等碑刻11通。

杨瞻墓历史悠久，规模庞大，墓园中的碑刻资料是研究明代历史、社会文化的重要文字资料。

杨瞻墓文保标志碑

杨瞻墓墓碑

张允龄家族墓地

位置：运城市永济市蒲州镇薛家崖村

时代：明代

类型：古墓葬

2021年，被山西省人民政府公布为第六批省级文物保护单位。

张允龄家族墓地为明代吏部尚书张允龄家族墓地，面积约9000平方米。

地表原存圆形封土9座，现仅存1座，底径约24米，残高约6米。原存墓碑14通，现存10通，其中有明隆庆二年（1568）、六年（1572），万历八年（1580）、十年（1582）、十一年（1583）、十二年（1584）立的“奉天敕命”“奉天谕祭”“奉天诰命”等碑。墓地内曾出土“明征仕郎张公暨赠孺人孙氏、王氏、景氏合葬墓志”一方。

张允龄家族墓地近景

山王墓地

位置 运城市河津市柴家镇山王村

时代 西周

类型 古墓葬

2013年，被国务院公布为第七批全国重点文物保护单位。

山王墓地南北长310米，东西宽100米，分布面积约3.1万平方米。墓地现大部分为耕地，局部地面建民居。2007年，村民在取土建房时挖开一座墓葬，出土一批青铜器。河津市文物部门在公安机关的配合下，追缴回青铜鼎、青铜盘、青铜壶盖三件器物，每件器物上均有铭文。经鉴定，青铜鼎和青铜盘为国家一级文物。从追缴回的器物器形、纹饰方面分析判断，为西周中晚期器物组合。

这组青铜器的发现印证了文献记载，为研究西周历史、河东地区古代文化提供了珍贵的实物资料和新的文字资料。

山王墓地全景

山王墓地出土的青铜盘铭文

山王墓地出土的青铜盘纹饰

追缴回出土于山王墓地的青铜盘

追缴回出土于山王墓地的青铜鼎

古垛后土庙

位置 运城市河津市樊村镇古垛村

时代 元代

类型 古建筑

2006年，被国务院公布为第六批全国重点文物保护单位。

据现存残碑记载，古垛后土庙创建于元元贞二年（1296），延祐五年（1318）增建。现仅存戏台与正殿。后土庙坐北朝南，南北长66米，东西宽20米，占地面积1320平方米，建筑主体结构均为元代建筑。

正殿面阔三间，进深四椽，单檐悬山顶，梁架四椽栿通达前后檐用二柱。前檐柱头斗栱为四铺作单下昂，蚂蚱形耍头，前檐装修已不存。

戏台砖砌台基，宽10.9米，深9.1米，高1.2米。面阔三间，进深四椽，单檐悬山顶。梁架四椽栿通达前后檐用二柱。前檐施大额枋承托斗栱七朵，四铺作单下昂形制，蚂蚱形耍头。清乾隆年间在戏台中间加隔扇，把戏台分为前后台。

古垛后土庙是一处道教庙宇，主要供奉后土娘娘，古垛后土庙正殿与戏台两座建筑很好地表现了各自时代的建筑技法特点，反映了该地区元、明、清时期木构建筑的成就与演变历程，具有一定的历史研究价值。

古垛后土庙内的《重修后土庙碑记》记载了该庙的几度兴衰，为现存各建筑创建、重修年代的推断提供了确切的依据。

古垛后土庙鸟瞰

古垛后土庙戏台

古垛后土庙正殿

河津台头庙

位置：运城市河津市城区街道吴家关村

时代：元代至清代

类型：古建筑

2013年，被国务院公布为第七批全国重点文物保护单位。

河津台头庙，又称“东岳庙”。据现存碑文记载，明成化四年（1468）和九年（1473），清道光十年（1830）均有重修。该庙坐北朝南，占地面积约3万平方米，建筑面积1000余平方米，沿中轴线自南向北依次有大门、中门、献殿、东岳殿，两侧配有后土祠、西岳殿、东西过殿、东西耳殿。大门、中门、东岳殿、后土祠及西岳殿为元代遗构。

大门和中门均面阔五间，进深四椽，单檐悬山顶，屋面施素筒瓦，施琉璃脊刹、鸱吻。殿内梁架四架椽屋分心用三柱，前后檐均施横跨三间的粗圆木大额枋，均施斗栱，柱头四铺作单下昂，补间斗栱每间一朵，形制为蚂蚱形耍头，元代风格明显。

东岳殿位于中轴线北端，面阔三间，进深四椽，单檐歇山顶，灰筒瓦屋面，施琉璃鸱吻、脊饰，檐口施琉璃剪边。梁架四椽栿通达前后檐用二柱，柱头有覆盆式卷杀，具有显著的元代建筑手法。

庙内存明代碑刻两通、清代碑刻一通。

台头庙虽在明清均有重修，但大门、中门、东岳殿、后土祠、西岳殿皆为元代风格，为典型的元代古建筑群。在运城乃至全省如此大规模的元代建筑群实属少见。殿内梁架结构简洁，形制古朴，别具一格，为研究河津市元代建筑的布局结构、形制等提供了珍贵的实物资料。

河津台头庙献殿、正殿及东西配殿

河津台头庙山门

玄帝庙

位置　运城市河津市樊村镇樊村

时代　明代至清代

类型　古建筑

2013年，被国务院公布为第七批全国重点文物保护单位。

玄帝庙，又称“琉璃庙”。据碑文记载，创建于明隆庆三年（1569），明万历三十二年（1604）竣工。沿中轴线有山门、香亭、正殿、圣公圣母祠等建筑，占地面积2131.5平方米。

山门面阔三间，进深四椽，单檐悬山顶，梁枋上有万历二十三年（1595）重修题记。前檐四檐柱承托大圆木额枋，其上有斗栱七攒，为三踩单下昂，蚂蚱形耍头。后檐斗栱为三踩单翘，蚂蚱形耍头。三架梁上立脊瓜柱承托脊檩，柱脚施角背，两侧戗叉手。

香亭面阔、进深皆三间，三重檐歇山顶，二层四周有回廊。一层檐下和二层下檐只有柱头科，为三踩单翘斗栱。二层上檐明间有平身科一攒，为三踩单昂。亭内四角施抹角梁承托角梁和三架梁。脊枋上有明万历三十二年重修题记。

正殿面阔五间，进深四椽，重檐歇山顶，脊枋上有明万历三十二年重修题记。四周有回廊。下檐前檐柱头施三踩单昂斗栱。平身科明间一攒，三踩单昂，出45度斜昂，次间以宝瓶木雕装饰，梢间素枋。下檐的后檐、山面和上檐仅在柱头施三踩单翘斗栱。

圣公圣母祠面阔五间，进深六椽，单檐悬山顶。前檐柱头科施三踩单昂。平身科逐间一攒，唯明间出45度斜昂与龙头。后檐斗栱形制与前檐基本相同，仅明间平身科不出斜昂和龙头。

玄帝庙整体保存完整，庙内建筑保留有明代题记，具有重要的历史价值。玄帝庙所有建筑皆施琉璃瓦，是河津市代表性强且保存较完整的一座庙宇，它为研究河津明代琉璃炼制技术提供了珍贵的实物资料。

玄帝庙中殿

玄帝庙山门

阮氏双碑楼

位置　运城市河津市小梁乡西梁村

时代　清代

类型　古建筑

2019年，被国务院公布为第八批全国重点文物保护单位。

阮氏双碑楼为清光绪年间例赠武德佐骑尉阮廷实与其子阮凌云德行碑楼，分别建于光绪三年（1877）与光绪五年（1879）。碑楼坐西北朝东南，占地面积29.1平方米，仿木砖雕结构，单檐歇山顶。双碑楼形制相同，相距1.27米，方形砖石台基高2.6米。四面均有匾额、石刻楹联。父碑楼四个方向的石匾分别为“范模”“遗爱”“英明”“忠信”。子碑楼四个方向的石匾分别为“方直”“温厉”“端庄”“磊落”。下额枋浮雕二龙戏珠、缠枝花卉图案，上额枋浮雕故事人物，平板枋上雕二方花卉连续图案。角柱上均施浮雕武士。檐下置五踩双昂斗栱，龙形、卷叶耍头，转角斗栱正面为象鼻子耍头。四面匾额两侧均施浮雕文官形象。

两碑楼四面均有楹联，各楹联皆上施虎头，下施莲瓣，皆出自当时晋南地区各进士之手。楼中皆竖四明碑，由碑额、碑身、碑座组成，碑额正面浮雕蟠龙三条，其余三面均浮雕双龙戏珠。父碑全称“皇清例赠武德佐骑尉乡饮耆宾阮翁讳廷实字充吾号信卿德行碑”；子碑全称“皇清儒学生员乡饮介宾阮公讳凌云字仙梯号从龙德行碑”。碑文皆出自名家之手。

两座碑楼台基较高，突显了碑楼的宏伟。碑楼造型精致，内容丰富，砖雕技法精湛，为清代碑楼中的精品。

阮氏双碑楼为清末光绪初年大饥荒后，当地士绅以工代赈开展赈灾的纪念性实物遗存，反映出清代农村社会的组织结构与救荒机制。

阮氏双碑楼正面

固镇瓷窑址

位置 运城市河津市樊村镇固镇村

时代 宋代、金代

类型 古文化遗址

2021年，被山西省人民政府公布为第六批省级文物保护单位。

2016年3月至9月，山西省考古研究所对河津瓷窑址进行了系统的区域性调查，并对固镇瓷窑址进行局部（北涧疙瘩、上八亩和下八亩）考古发掘，发掘面积1039平方米，清理制瓷作坊4处、瓷窑炉4座、墓葬1座、水井1处、灰坑35个。发现的制瓷作坊多为窑洞式，作坊底面遗存保存较完整，有澄泥池、沾浆缸、灶址、石磨盘、石臼等遗迹、遗物，涵盖原料制备、制坯、晾坯等环节；瓷窑炉均为半倒焰式馒头窑，由通风口、扇形单火膛、窑床及双烟室组成，不同之处在于通风口的位置、窑床及烟室的结构及大小等。出土完整及可复原瓷器1326件，瓷片、窑具标本达6吨之多。

固镇瓷窑址分布相对密集，延续时间长，瓷器品类多样，有鲜明的地域特色，是宋金时期制瓷手工业较发达的窑场之一，窑址发现的制瓷作坊及瓷窑炉，填补了山西地区无相关制瓷遗迹的空白，为研究宋金时期河津窑的制瓷流程、烧窑技术、装烧方法提供了重要材料。

固镇瓷窑址出土的印花模具

固镇瓷窑址出土的珍珠地划花枕残片

固镇瓷窑址出土的黑地白绘花草叶纹研钵

老窑头瓷窑址

位置　运城市河津市下化乡老窑头村

时代　明代至清代

类型　古文化遗址

2021 年，被山西省人民政府公布为第六批省级文物保护单位。

老窑头瓷窑址东西长 700 米，南北宽 80 米，面积约 5.6 万平方米，时代主要为明清时期。

该窑址从明清时期延续至 20 世纪 70 年代一直生产瓷器，现存两口瓷窑，其中馒头形碗窑基本完整。老窑头瓷窑址为明清时期典型瓷窑，瓷器品类多样，有鲜明的地域特色，是明清制瓷手工业较发达的窑场之一，为研究明清时期当地瓷器烧制技术和山西的制瓷文化提供了珍贵的实物资料。

老窑头瓷窑址馒头形窑

老窑头瓷窑址方形窑

镇风塔

位置 运城市河津市清涧街道康家庄村

时代 唐代、明代

类型 古建筑

1996 年，被山西省人民政府公布为第三批省级文物保护单位。

镇风塔创建于唐贞观年间，明万历十一年（1583）重建。原为兴国寺内建筑，兴国寺现仅存有砖塔。镇风塔坐南朝北，占地面积 20.34 平方米，为方形实心十三层楼阁式砖塔，通高 33.6 米。一层北辟拱门，二层至五层每层辟券洞，六层以上每层券洞内置砖雕佛像，每层叠涩出檐收束。塔刹铜制，下为覆钵，中为三重宝瓶，上立圆柱形塔刹，高 1.7 米，刹上置铁制刹饰，刹座内置铜佛一尊，铸有“皇明万历十三年造”铭记。塔身具有回声效果，为中国为数不多的回声建筑之一。镇风塔对研究唐代、明代塔的形制演变和功能，提供了重要的实物资料。

镇风塔

樊村戏台

位置：运城市河津市樊村镇樊村

时代：明代

类型：古建筑

1986 年，被山西省人民政府公布为第二批省级文物保护单位。

樊村戏台创建年代不详，据戏台梁脊板题记，明洪武二十四年（1391）重修。原为关帝庙中轴线上的主要建筑，关帝庙其他建筑已毁，现仅存戏台。

戏台坐南朝北，砖砌台基，宽 15.1 米，深 11.1 米，占地面积 167.71 平方米。面阔三间，进深四椽，单檐歇山顶，筒板瓦屋面，牡丹雕花琉璃脊筒，五檩无廊式构架，前檐柱承托圆木额枋，上下阑板高浮雕云龙、花卉、瑞兽等图案。

戏台为山西现存最早的明代戏台建筑，是元代亭阁式舞楼向一面观戏台转变时期的重要实例，为研究明代早期建筑形制和建造艺术提供了珍贵的实物资料，也为研究当地民俗文化提供了重要的参考资料。

樊村戏台脊刹

樊村戏台侧立面

真武庙

位置：运城市河津市城区街道杨家巷村

时代：明代至清代

类型：古建筑

2004年，被山西省人民政府公布为第四批省级文物保护单位。

真武庙创建年代不详，据现存碑文记载，明嘉靖、万历及清康熙、乾隆、咸丰、道光年间均有增建和重修。该庙坐北朝南，占地面积约3400平方米，依山势而建，自下而上依次为灵官楼、朝殿坡、过风戏台、东西厢房、香亭、献殿、过殿、正殿；戏台向西依次为药王庙、吕祖阁；正殿向西依次为娘娘庙、三皇洞、玉帝阁。

正殿面阔三间，进深二椽，单檐悬山顶。无斗栱装饰，殿内设暖阁，内塑真武大帝神像，东西墙分别绘有“五龙捧圣”“奉旨归位”壁画。庙内现存明清碑刻七通。

真武庙山门

真武庙远景

高禖庙

位置：运城市河津市阳村街道连伯村

时代：明代至清代

类型：古建筑

2004 年，被山西省人民政府公布为第四批省级文物保护单位。

高禖为传说中主管婚姻和生育之神。高禖庙创建年代不详，现存为明清时期建筑。该庙坐北朝南，占地面积 1131.12 平方米。现存香亭、献殿、正殿及东西配殿、东西厢房。

正殿面阔三间，进深五椽，单檐硬山顶，六檩出廊结构。正殿有穿廊，屋顶由黄、绿、蓝三色琉璃筒瓦、板瓦及琉璃脊

兽构成，巍峨壮丽。正门上方书有“至哉坤元”四个大字，廊前栏板上雕刻的莲花、虫鱼、鸟兽图案秀丽雅洁。大殿设计精巧，造型严谨，为高禖庙建筑之精髓。殿内木雕暖阁，装饰富丽堂皇。暖阁中塑高禖神像，东塑大禹神像，西塑后稷神像。各个神像姿容清秀，仪态端庄，气度不凡。

献殿面阔五间，进深四椽，单檐悬山顶。东西山墙内均存有壁画，东为大禹治水图，西为后稷稼穑图。

高禖庙内景

高禖庙献殿东山墙壁画